Bibliothèque Politique et Économique

JULES LABORDE

IL Y A TOUJOURS DES PYRÉNÉES

PAYOT & Cie, PARIS
106, BOULEVARD SAINT-GERMAIN

Imprimerie E. Durand, 18, rue Séguier, Paris

Il y a toujours des PYRÉNÉES

DU MÊME AUTEUR :

La enseñanza de là longua castellana en Francia. Brochure gr. in-8° (La Espana Moderna)............... (épuisée)

El Intérprete Veslot. 2 forts vol. in-8°, reliés (Larousse)....................................... 125 fr.

Compendio de la Historia de Port-Royal (prologo al Diario de una pensionista). Un vol. in-18, broché (Ollendorff).. 4 fr. 50

La Foi, préface et traduction de *La Fe,* de Armando Palacio Valdés. Un vol. in-18, broché (Les Annales).... 4 fr. 50

Le Touriste français en Espagne. Un vol. in-16, toile, 2e édition (Delagrave). .... 4 fr. 50

Nouveau manuel de correspondance commerciale en français et en espagnol. Un vol. in-18, broché (Garnier) .... 4 fr. 50

Vocabulaire commercial français-espagnol et espagnol-français. Un vol. in-18, toile (Garnier)............ 4 fr. 50

JULES LABORDE
Agrégé de l'Université

IL Y A TOUJOURS DES PYRÉNÉES

Ceci est un livre de bonne foi

PAYOT & Cie, PARIS
106, BOULEVARD S^T-GERMAIN, 106

1918

AVIS AU LECTEUR

L'auteur de ce livre n'a eu qu'un but : tâcher d'atteindre à la vérité. Désir présomptueux peut-être, à coup sûr plein de risques. La vérité, cordial des grandes âmes, a tout d'abord une saveur amère qui rebute, et c'est pourquoi, sans doute, l'on dépense généralement si peu d'enthousiasme à l'aller tirer de son puits, tandis que l'on se pourlèche aux édulcorations trompeuses.

Pourtant, lorsqu'un fakir de l'Inde, sans nul souci des tigres ou des najas qui vers lui rampent, menaçants, par la jungle, contemple avec béatitude son nombril, — pour lui centre du monde et de la perfection, — qu'ordonne donc l'humanité? D'encourager l'extase intempestive, ou bien d'arracher l'imprudent au péril?

Volontiers, certains peuples, pareils à ce fakir, s'endorment ou se laissent endormir dans leur propre admiration : ils n'aiment pas qu'on les éveille.

C'est ce qui rend particulièrement ingrate,

pour un écrivain, la politique internationale. Comment pourrait-il plaire, en cette matière, s'il s'applique, ainsi qu'il le doit, à demeurer fidèle à l'impartialité?

Des deux côtés, il trouvera des torts. Sa conscience l'obligera à les exposer, à constater que la France, ni l'Espagne non plus, n'est ce pays de sages et de dieux que réclamait le philosophe. Ne blessera-t-il pas gravement, par cette simple évidence, l'une et l'autre des deux parties, trop bercées jusqu'ici par l'adulation? N'entendra-t-il pas s'élever aussitôt contre lui le chœur nourri des endormeurs intéressés et des naïfs?

Comme il fera connaître le pour et le contre des questions traitées, ne rendra-t-il pas singulièrement aisée, par là même tentante, la tâche qui consistera à prendre quelques lignes de son écriture, non pour le faire pendre, — procédé par bonheur caduc! — du moins pour dénaturer sa pensée?

Que de dangers encore!

L'auteur ne les redoute pas, — si l'on fait droit à cette requête : il demande simplement, mais instamment, à ceux qui voudront bien ouvrir son nouvel ouvrage, de ne pas se borner à le feuilleter, de le suivre jusqu'au bout.

Dès lors, il a le ferme espoir qu'un certain nombre de Français ne jugeront pas ces pages absolument inutiles, et que ses amis d'outre-Pyrénées les accueilleront dans le même esprit qui les lui a inspirées.

Quant aux Espagnols qui, sans le connaître, viendraient à le lire, il prend la liberté de les renvoyer à une de ses conférences publiée, le 1er novembre 1907, par la revue La España Moderna. *Ils y verront quelles raisons puissantes l'attachent personnellement à leur pays et lui font désirer, entre l'Espagne et la France, un rapprochement étroit, cordial, sans arrière-pensées. Ils comprendront ainsi que son livre, dont quelques pages détachées pourraient les surprendre, n'est pas un essai de brouillement sournois, mais, bien au contraire, une œuvre de très franche conciliation* (1).

(1) Ecrite en juillet et en septembre 1917, remaniée et complétée en février suivant, cette étude a été achevée le 8 mars, sur l'accord commercial franco-espagnol, que l'on trouvera à la page 171.

INTRODUCTION

Insuffisance de nos informations sur l'Espagne. — Euphémismes et réalités. — La faculté d'oubli de la France; l'implacable mémoire espagnole. — Vieille rivalité politique entre les deux pays. — L'épanouissement de la haine. — Griefs historiques. — Le point de vue espagnol. — Nécessité de publier le point de vue français. — Causes actuelles de malentendus.

Pour connaître un pays, il faut y avoir vécu, y avoir aimé, y avoir même souffert. Le voyageur qui passe, en quête d'agrément, ne pénètre pas l'âme d'un peuple. Il le sait. Peu lui importe. Ne sait-il pas aussi que, pour plaire à Célimène, il suffit de la bercer d'amusantes histoires, de lui dire qu'on l'aime? Il le lui a dit, il le lui dit encore, — et la France sourit, mais ignore l'Espagne...

Beaucoup de Français ont lu le *Voyage* de Théophile Gautier (1), si étincelant de verve,

---

(1) L'ouvrage parut en 1843, sous ce premier titre : *Tra (sic) los montes.* La dédicace est datée du 10 février 1843. Le 21 septembre suivant, les Variétés représentaient *Un*

d'erreurs et d'exagérations impertinentes; un certain nombre connaissent l'ironique compassion de Dumas père : la charité d'un verre d'eau porté au Manzanarès (1); ils ont peut-être en leur mémoire les ouvrages où M. Maurice Barrès, avec tant de subtilité, a noté ses complexes états d'âme devant les paysages et les chefs-d'œuvre de la Péninsule (2); quelques-uns auront lu d'autres relations, ou fantaisistes ou consciencieuses, dues à des touristes au nom moins retentissant (3).

Qu'ils visent ou ne visent pas à l'exactitude, les livres consacrés par les écrivains français à l'Espagne représentent, à peu près exclusivement, des sondages opérés par des poètes, par des amoureux du pittoresque. Ils ne sont pas enfantés par des esprits pratiques, conscients des réalités, épris de réalisations. Le mérite en

---

voyage en Espagne, vaudeville assez terne, en trois actes, par MM. Th. Gautier et Paul Siraudin. [M. Gustave Lanson, dans son *Histoire de la littérature française,* donne sur le *Voyage en Espagne* cette indication, doublement inexacte : « En 1840, le *Voyage d'Espagne.* »]

(1) Alexandre Dumas, *Impressions de voyage. De Paris à Cadix.* 5 vol. in-8°. Paris, 1847-1848. Ouvrage six fois réimprimé.

La canalisation du Manzanarès, dont les travaux sont en cours, va transformer cette rivière.

(2) Maurice Barrès, *Du sang, de la volupté et de la mort.* Paris, 1894. — Maurice Barrès, *Greco, ou le Secret de Tolède.* Paris, 1912.

(3) En toute première ligne, les *Propos d'Espagne,* de M. E. Martinenche, Paris, 1905.

est purement littéraire. Et, sans doute, est-ce là ce qu'ont voulu leurs auteurs, de qui l'on aurait tort de prétendre exiger autre chose.

Seulement, comme aucune contre-partie n'est venue s'opposer, jusqu'à la veille de la guerre, à ces livres attrayants, de véritables légendes se sont imposées au public, légendes particulièrement préjudiciables aux rapports entre les deux peuples.

Tout d'abord, de la meilleure foi du monde, un trop grand nombre de Français voient dans l'Espagne un pays de paresse et de frivolité, où l'on n'a pour souci que « l'amour, enfant de Bohême », où la mantille, l'éventail, les castagnettes, des instruments à corde et l'apparat sanglant des courses de taureaux résument l'essentiel de la vie nationale.

Une agriculture intense? — Oui, tout jadis, au temps des Maures.

Des savants? Des écrivains? Des artistes de premier plan? — Ouais! disparus avec la « redoutable infanterie » du comte de Fontaines.

De grands industriels? D'habiles commerçants? — Jamais.

Ceux qui jugent ainsi ne sont pas responsables de leur erreur.

Qui donc leur a parlé de l'Espagne qui pense,

de l'Espagne qui travaille, de l'Espagne qui se régénère et qui voit, sous l'amas des formes vieillies, des formules fanées, des politiques révolues, pointer de verts bourgeons ou des surgeons audacieux?

Cette Espagne nouvelle, dont la genèse comprend déjà l'effort de plus d'un siècle, — effort d'ailleurs intermittent et, bien souvent, contradictoire, — il semble qu'elle doive s'épanouir bientôt, si les hommes d'Etat de la Péninsule savent capter et diriger la sève nationale, laquelle tend à s'échapper en jets tumultueux. Or il importe qu'à l'heure de la métamorphose notre voisine ait dépouillé, à l'égard de la France, les préventions et les arrière-pensées de l'Espagne qui meurt.

Car voici la seconde légende :

Tenu dans l'ignorance des vieilles et tenaces rancunes espagnoles; au courant, sans plus, de l'accueil réservé aux chefs de notre Etat ou du gouvernement; le public français, également de la meilleure foi du monde (et sur celle des reporters), a fini par s'imaginer que « notre sœur latine » éprouvait pour la France « une violente amour ».

Avant la guerre actuelle, l'erreur était facile à entretenir. Il suffisait de taire les manifestations hostiles qui se produisaient dans la Péninsule.

Voilà quelque dix ans, multipliés par les intrigues allemandes, les chocs étaient particulièrement rudes, entre les deux pays; il nous souvient que le directeur de l'un des premiers organes de la presse française, et qui passait pour un politique avisé, décréta en ces termes le silence dans son journal : « C'est à nous, par notre attitude continûment bienveillante à leur égard, à amener les Espagnols à nous témoigner la même sympathie. »

Il en devait faire plus tard son *meâ culpâ.*

Du moins cet optimisme pouvait-il être permis alors.

Aujourd'hui que les malentendus persistent et, loin de s'éteindre, risquent de s'aggraver sous l'action, chaque jour plus intense, des Allemands et des germanophiles, la presse française doit-elle s'entêter dans la politique de l'autruche?

Les Espagnols formulent des griefs contre la France. Loin d'en faire un puéril mystère, pourquoi ne pas examiner ces griefs? S'ils sont fondés, la loyauté ordonne de les atténuer, supposé qu'ils ne puissent disparaître. Sont-ils exagérés ou même imaginaires? L'on fait appel à la bonne foi du peuple voisin; pour tâcher, dans l'intérêt commun, d'effacer, par une propagande appropriée, les causes de mésestime et les arrière-pensées dommageables.

Quant à laisser faire au temps, quant à attendre de son œuvre que l'oubli, quelque jour, vête de son linceul toutes les discordances, c'est montrer clairement l'ignorance où l'on est de leur origine et des racines profondes qu'elles ont poussées dans l'orgueil national.

Parmi les hommes réellement informés des choses d'Espagne, qui ne voit qu'il eût mieux valu, depuis longtemps, exposer les faits dans leur intégralité, sans craindre quelques polémiques, quelques froissements supplémentaires, qu'aurait pu suivre une véritable et durable entente?

La catastrophe européenne, qui a dessillé les yeux trop brusquement, n'eût pas induit les Français à une certane nervosité, à des jugements parfois injustes, lesquels ne sont pas de nature à faciliter un rapprochement intime.

Nous ne parlons pas des enquêtes répétées et précipitées faites, depuis la guerre, à travers la Péninsule ou auprès des personnalités marquantes de la littérature et de la politique espagnoles. L'on y constate un double courant, où se manifeste le tempérament des auteurs : les optimistes continuent de ne rien voir, de ne rien entendre, de proclamer non seulement l'excellence de nos relations avec les Espagnols, mais encore, car ils vont sans hésiter jusque-là, l'inexistence de germanophiles transpyrénéens ; les pessimistes, saignants de la désillusion imprévue, ne songent pas à cacher leur mauvaise humeur très vive.

Disons-le nettement : nous ne nous rangeons pas à l'avis des pessimistes. Mais, aux optimistes béats, nous dédierons quelques faits (dont l'un au moins est assez connu), lesquels suffiront à montrer les sentiments exacts de certains Espagnols à l'égard de la France.

Le 15 août 1911, dans le casino de Martutene, à Saint-Sébastien, un banquet réunissait une douzaine d'admirateurs du *diestro* (toréador) Quinito. Aux applaudissements de tous, l'un d'eux, ami particulier de Canalejas, porta le toast suivant, que le président du Conseil en personne écoutait, souriant, d'une table voisine : « *Puissions-nous renouveler ce banquet à Paris, lorsque Guillaume II ira passer en revue ses troupes dans la capitale de la France* (1) ! »

(1) Texte reproduit par l'un des convives, le journaliste

En août 1914, à Barcelone, une fanfare, dans une procession, exécutait le *Deutschland über alles;* sur l'air de l'hymne allemand, un chœur nourri chantait :

> Vivent l'Espagne et l'Allemagne!
> Car ensemble, les regards vers Dieu,
> Personne ne pourrait les vaincre,
> Si elles étaient unies toutes deux (1).

Plus récemment, courait cet autre quatrain, adapté aux circonstances nouvelles et dédié aux alliés :

> Si le sort vous concède la victoire,
> Pour tant de vainqueurs, quelle petite gloire!
> Si vos armes rencontrent un vainqueur,
> Pour tant de vaincus, quelle honte (2)!

Au mois d'août 1917, certains membres de l'autorité militaire espagnole ont suscité, à l'occasion des troubles, un véritable mouvement xénophobe. Voici le début d'une proclamation, dirigée contre les Français, adressée aux habi-

---

Vascano, dans *El Correo de Guipuzcoa*, du jeudi 17 août 1911.

(1) *Viva España y Alemania!*
Que juntas, mirando a Dios,
Nadie vencerlas pudiera,
Si unidas fueran las dos.

(2) A LOS ALIADOS

Si la suerte os concede la victoria,
Para tanto vencedor, qué poca gloria!
Si vuestras armas encuentran quién las venza,
Para tanto vencido, qué vergüenza!

tants d'Oviedo par le (1) . . . .

. . . .

. . . . CENSURÉ . . . .

. . . .

Un député aux Cortès n'hésitait pas à affirmer, en public, que le Parlement français avait voté un crédit de 80 millions destinés à armer les révolutionnaires de Barcelone et de Bilbao.

Le Gouvernement, dont l'attitude fut absolument correcte, eut tôt fait de réprimer les excès de zèle, de rapporter des mesures prises un peu à l'étourdie. Mais la calomnie de l'or français fomentant la révolution avait séduit beaucoup d'esprits réfléchis. Il en reste toujours quelque chose.

Et la série continue.

Le 9 janvier 1918, le président de la Chambre communiquait aux journalistes le télégramme suivant :

---

(1) Le général Burguete a été le chef d'une mission militaire espagnole sur le front austro-allemand des Balkans. Au cours de cette mission officielle, il a visité la Serbie conquise. Le 21 avril 1917, il a été reçu à Belgrade par le gouverneur militaire autrichien, général von Rhemen. S'il faut en croire *A B C*, à son retour à Vienne, il fut acclamé par la foule, qui criait : « Vive le roi allié! »

Tarragone, 9.

Président de la Chambre.

Régionalistes, pour gagner mairie Tarragone, obtenu veto français contre conservateur Prat, maire intérimaire. Agent consulaire français à Tarragone, au nom Consulat général, empêche assister séance, menaçant les mettre sur listes noires trois conseillers commerçants, qui donnent la majorité (bureau devait être constitué définitivement aujourd'hui), leur défendant voter pour maire et adjoints intérimaires. Proteste, comme député espagnol, avec population, indigné abusive ingérence étrangère, et demande immédiate révocation exequatur agent coupable coaction et exige garanties, confiant sera retirée honteuse menace conseillers, les empêchant émettre vote librement. Bureau ne sera pas constitué tant que subsistera humiliante pression agent français.

Antonio Veciana, *député.*

Le 12 janvier, le président de la Chambre communiquait ces trois nouveaux télégrammes :

De Tarragone.

Président de la Chambre.

Député Veciana, avec légèreté impardonnable, et sans preuves aucune sorte, ose affirmer faussement, dans télégramme à Votre Excellence, que très digne agent consulaire français à Tarragone a commis coaction contre plusieurs conseillers pour élection maire, et que coaction obéit influence Ligue régionaliste. Comme député espagnol et de la Ligue régionaliste proteste énergiquement contre les fausses imputations député Veciana, coreligionnaire consuls Allemagne, Autriche-Hongrie et Turquie, qui sont conseillers municipaux Tarragone. Vote secret dans élection maire empêche même possibilité coaction, surtout quand un des supposés violentés est consul Italie et Portugal.

ANTONIO ALBAFULL.

Président Chambre.

Comme président Ligue régionaliste Tarragone, accuse député Veciana de calomnie quand impute à ma présidence intervention étrangère dans élection magistrats municipaux cette ville. L'imputation indigne, sans preuves, est hauteur moralité et mentalité de ce député espagnol coreligionnaire consul allemand, qui est membre de notre conseil municipal. Ligue régionaliste ne croit pas soient certaines coactions et menaces dénoncées, et repousse indignée aient provoqué intervention consul français, que jamais ni pour rien tolérerait. Sollicite prompt et mérité châtiment calomniateurs qui préparent tremplin électoral au prix sérieux et prestige de notre Espagne.

RABADA.

Président Chambre.

Subsistant pression consulat français et conseillers municipaux manquant garanties assurant libre vote, maire, pour éviter trouble ordre public et aggravation conflit, vu l'excitation populaire, a suspendu séance qui devait avoir lieu aujourd'hui. Unique solution qu'exige dignité de Tarragone est destitution agent consulaire pour effacer menace étrangère.

ANTONIO VECIANA, *député*.

Que la plupart des personnages français qui ont officiellement franchi les Pyrénées depuis la guerre et qui traitent de l'Espagne nous parlent de parfaite harmonie, il est bien naturel. Ils ont vu ce pays au travers des galas; ils n'ont ouï sa voix que « dans la chaleur communicative des banquets »; tout leur est apparu estompé; leurs souvenirs atténuent encore des reliefs qu'accuse fortement, dans la réalité, une lumière implacable. Ils rentrent en France un peu moins renseignés qu'à leur départ.

Serons-nous mieux éclairés par les publicistes étrangers qui écrivent dans les journaux français? Non. Ce sont Espagnols — ou Américains, comme le spirituel Gomez Carrillo, — qui nous aiment sincèrement, qui voudraient nous éviter toute peine, même légère, qui ont une volonté d'horizon rose et bleu.

Des particuliers français sont-ils reçus, à Madrid ou ailleurs, chez des membres des classes aisées ou élevées? Ils n'en sortent pas mieux informés que nos personnages officiels.

Nulle part, en effet, l'esprit de société n'est plus développé qu'en Espagne. Nulle part l'on ne trouve d'hôtes plus aimables. Chaque Espagnol, chez soi, est comme un reflet d'Alphonse XIII, des monarques le plus séducteur. Quels qu'ils soient, il traite ses invités en grand seigneur, prodigue pour eux des trésors de grâce qu'une pointe de hauteur naturelle rend plus prenante encore.

Ce n'est donc pas la fréquentation des salons qui permet de pénétrer dans l'intimité de l'âme espagnole, mais bien le contact du peuple des quartiers pauvres. Là, point de fard, point de vernis mondain; la vérité toute nue, et, le plus souvent, sur les pas des Français, surtout depuis l'affaire du Maroc, l'exclamation hargneuse et peu flatteuse de: *franchute!*

Encore ne faudrait-il pas généraliser.

Dans un pays où chaque province conserve une bonne part de sa vieille originalité, aux caractères très nets, il convient de tenir compte largement de certaines circonstances politiques, commerciales, topographiques ou autres, qui font varier l'opinion en faveur ou en défaveur de la France.

La défaveur l'emporte (1).

Elle n'est pas spontanée.

Elle est le résultat d'un séculaire enchaînement de heurts et de malentendus, générateurs

(1) Un an après que l'un de nos plus célèbres académiciens eut découvert qu'il n'y avait pas un seul germanophile en Espagne, un ingénieur de Saint-Sébastien, M. Gascue, francophile actif et dévoué, publiait dans la *Voz de Guipuzcoa* un article où il évaluait à 80 0/0 le nombre des Espagnols germanophiles.

de haine, qu'il nous paraît impossible de négliger, même si l'on se borne à traiter des relations franco-espagnoles contemporaines.

Unilatéraux seulement, le silence et la perte du souvenir pourraient-ils constituer les bases d'une politique raisonnable?

Notre étonnante faculté d'oubli, nous sommes toujours portés à croire qu'elle existe aussi chez les autres peuples : c'est en vain que Heinè nous a fait la leçon sur ce point.

La France ne se souvient pas de Charles-Quint, — du Charles-Quint historique. Au XIXe siècle, un éloquent démarquage de *Cinna* lui a appris que c'était un empereur très sage et très clément. Elle n'en sait guère autre chose...

La France ne se souvient pas du rôle de Philippe II pendant la Ligue : elle n'en a retenu que la saillie du bon roi Henri congédiant les Espagnols de sa grand'ville...

La France ne se souvient pas des manœuvres de Philippe III et du duc de Savoie, manœuvres soulignées par la décapitation du criminel duc de Biron, en 1602. Et pourtant, les esprits furent alors bien excités. Les Espagnols demeuraient inconsolables du traité de Vervins, lequel leur ôtait l'espoir d'escamoter notre patrie. Il y eut échange de violents pamphlets non seulement entre eux et les Français, mais encore, en France même, entre les partisans (protestants pour la plupart) d'une guerre qui mît fin aux sourdes menées de l'Espagne, et les Français pacifistes (1). La commotion fut si forte et si longue qu'en 1636, dans le premier livre qu'il écrivit, et qui fonda la réputation du futur académicien, La Mothe Le Vayer se demandait gravement si les Espagnols et les Français avaient bien la même façon de venir au monde (2)...

La France ne se souvient pas de la longue domination de l'Espagne sur la Franche-Comté — jusqu'en 1679, vingt ans après le mariage de Louis XIV avec la fille de Philippe IV! A peine

---

(1) La publication du *Soldat Français* avait donné le branle. Cet écrit, paru en 1603, sans indication de lieu ni date et sans nom d'auteur, était de Pierre de l'Hostal, vice-chancelier de Navarre.

(2) *Discours de la contrariété d'humeurs qui se trouve entre certaines nations et singulièrement entre la française et l'espagnole*. Le livre eut l'applaudissement public. Et c'était l'année du *Cid!* Anne d'Autriche était sur le trône depuis plus de vingt ans! Mais il ne faut pas oublier le rôle brouillon où s'obstinait l'Espagne : l'appui donné par elle, en 1625, au parti huguenot; ensuite, après l'affaire de la Valteline, laquelle dura cinq ans, son alliance avec la France par le traité de Monzon, en 1626; trois ans plus tard, néanmoins, le traité avec Rohan, qui promettait de *conserver la guerre en France;* les relations secrètes de la reine Anne; — et bientôt, Olivarès allait signer son traité avec cet abominable Cinq-Mars, dont la littérature a tenté de faire un personnage sympathique...

Par parenthèse, qui donc étudiera la déformation impie de notre histoire par la sensiblerie romantique?...

quelques artistes y songent-ils, quand ils voient les belles femmes aux yeux noirs et au teint blanc si nombreuses dans cette région...

La France ne se souvient pas de l'attitude du gouvernement espagnol dans l'expédition du Mexique, de la conduite d'O'Donnell à l'égard de ses alliés...

La France ne se souvient pas de la cause initiale de ses désastres de 1870; de cette candidature Hohenzollern suscitée par l'aveuglement insigne du général Prim, et dont l'acceptation eût, sans coup férir, précipité l'Europe dans les chaînes!...

La France ne se souvient même pas de la furieuse, de l'inconcevable campagne menée, par presque toute la presse espagnole, avant, pendant et depuis le règlement de l'affaire du Maroc : elle s'en souvient d'autant moins que ses propres journaux refusaient de la faire connaître; la consigne était de rendre le bien pour le mal, — « d'amener les Espagnols à nous témoigner eux-mêmes de la sympathie... »

La France ne se souvient de rien.

Si elle était payée de retour, combien nous nous en réjouirions, combien nous applaudirions à cet oubli des offenses, où devraient tendre loyalement, ne fût-ce que par intérêt, les peuples comme les individus! Mais, à notre endroit, la mémoire espagnole est implacable. Nous disons : à notre endroit, car, point singulier et délicat, l'Espagne semble faire preuve à l'égard de l'Allemagne de la même amnésie totale qui nous caractérise à l'égard de la Péninsule. S'agit-il de la France? L'Espagne se souvient de tout.

Cette absence de sympathie a débuté au XVIe siècle.

Charles-Quint empereur, il y a eu, entre les deux peuples, une rivalité, — en Espagne une boufflssure — dont la langue castillane conserve des traces inéquivoques.

Citons-en deux exemples :

Un soldado de Pavia, un soldat de Pavie, c'est un plat de sardines avec des piments rouges — ou, dans quelques régions, une tranche de morue salée aux tomates, — image de l'aplatissement sanglant des soldats de François Ier, le 24 février 1525 (1).

Una de San Quintín, un coup de Saint-Quentin, — expression que chérit M. Pérez Galdos, — c'est ce que, plus modestes, nous appelions

(1) Un des corps d'élite de la cavalerie espagnole se nomme *Husares de Pavia.*

jadis un coup de Trafalgar : une affaire malheureuse, un désastre, en mémoire de celui que subirent, en 1557, nos troupes assiégées par l'armée espagnole (1).

Des locutions de ce genre, tout à fait populaires, montrent la force de certains souvenirs chez nos voisins; elles prouvent aussi à quel point l'imagination de ces derniers avait été frappée par les défaites infligées à un adversaire considéré comme particulièrement redoutable.

Dans l'orgueilleux projet conçu par Philippe II à l'égard de la France, toute l'Espagne communia avec son roi. Malgré l'avènement des deux infantes Anne d'Autriche et Marie-Thérèse au trône convoité; malgré le mariage d'Isabelle de France avec le futur Philippe IV; malgré l'engouement de Paris pour la langue et pour la littérature espagnoles (2), la Péninsule

(1) Les Français n'ont jamais reproché aux Espagnols les affreuses cruautés commises à Saint-Quentin. Ils ont eu raison. L'armée de Philippe II était surtout composée d'Allemands. Les archives de la ville conservent (ou conservaient, hélas !) les noms de tous ces reîtres.

(2) Un des hommes qui contribuèrent le plus à mettre l'espagnol à la mode fut Antonio Pérez, le célèbre favori de Philippe II, disgracié, livré à la torture, fugitif enfin pour avoir partagé avec son souverain les charmes de la princesse d'Eboli. Ses *Lettres* eurent en France une vogue extraordinaire. — Beaucoup d'Espagnols publiaient leurs œuvres chez nous, particulièrement les théologiens à Lyon. Il arriva même que ces œuvres parurent d'abord en fran-

conserva, de la non-réalisation de ce rêve, un dépit d'autant plus profond que, par les maladresses de ses souverains, elle voyait, à mesure qu'elle-même déclinait, la France gravir à l'apogée.

Durant tout le XVIIe siècle, elle nous marqua donc une hostilité demeurée vaniteuse en dépit des revers.

Elle ne parut se rendre un compte plus exact des réalités historiques qu'à l'heure où l'épuisement simultané de la dynastie régnante et du pays amena sur le trône un prince français : Philippe V.

Des impôts formidables; pas d'instruction; l'agriculture, le commerce, l'industrie, morts ou agonisants; ni armée, ni marine; la population

---

çais, comme les *Commentaires* de Bernardino de Mendoza, ambassadeur d'Espagne, dont la traduction, écrite par le père Pierre Crespet, prieur des Célestins, vit le jour à Paris, en 1591, alors que l'original espagnol ne sortit des presses, à Madrid, qu'en 1592. — Dans la première moitié du XVIIe siècle, les méthodes pour apprendre la langue castillane sont nombreuses, et nombreux sont aussi les traducteurs. Citons seulement le plus remarquable : César Oudin. Du *Don Quichotte*, l'année même qui suivit la publication de cet ouvrage, en 1616, il donnait la seule bonne traduction française. Le même auteur publiait une grammaire et un dictionnaire de la langue espagnole. Son fils faisait paraître, en 1645, un *Trésor* des deux langues. — Sans parler des œuvres directement inspirées des originaux, comme *Le Cid*, *Le Menteur*, *La Princesse d'Elide* et *Don Juan*, l'on trouve l'influence espagnole dans beaucoup d'autres pièces. Les sages scrupules de Mme Jourdain sont manifestement un écho des paroles de la femme de Sancho Pança, quand elle se refuse à faire de sa fille Marisancha une *señoria*.

tombée de dix-huit millions à sept millions et demi d'habitants : voilà dans quel état l'empereur allemand et ses successeurs laissaient aux Bourbons l'Espagne vigoureuse et belle héritée d'Isabelle la Catholique.

Sous l'influence bienfaisante du petit-fils de Louis XIV, cette course à l'abîme fut enrayée. Le pays connut un renouveau de prospérité. La littérature elle-même, tombée en pleine décadence, refleurit par l'imitation souvent heureuse des meilleurs auteurs français. Les amis de la France et de ses idées devinrent si nombreux que toutes les forces aveugles du passé se liguèrent pour réagir contre ces *afrancesados,* contre ces *francisés* avant la lettre (1).

La Révolution, le Consulat et l'Empire trouvèrent et laissèrent les esprits divisés — malgré une alliance officielle. Cependant, la France gagnait du terrain. L'image de Napoléon Ier s'étalait dans beaucoup de demeures. Le prestige du grand capitaine agissait là comme partout.

L'épanouissement de la haine espagnole, semée sous Charles-Quint, demeurée depuis à l'état de vie latente, date exactement de 1808,

---

(1) Cf. page 57.

de la confiscation du trône d'Espagne en faveur de Joseph Bonaparte.

Entre l'Espagne et la France, il y a, en premier lieu, cet événement toujours présent à l'esprit de nos voisins, — il y a L'INVASION FRANÇAISE.

De Napoléon, l'Espagne continue de faire un monstre d'impiété, attaquant sans motif un pays sans défense, auquel il inflige des maux sans nom, sans nombre — et sans contre-partie.

Ce jugement avait été plus qu'accepté, il avait été corroboré par les petits porte-plume de la Restauration, lesquels avaient tous leurs raisons majeures. La protestation n'a pas été entendue, qu'a cru devoir jeter Abel Hugo, le frère du poète, un légitimiste fervent à qui les querelles politiques ne faisaient pas oublier sa patrie.

Ce fut une très grosse erreur de nos ministres...

A ce grief historique des Espagnols contre nous est venu s'en ajouter un second du même ordre : NOTRE PROTECTORAT AU MAROC.

Le rôle de la France en Afrique a ravivé, envenimé tous les sentiments francophobes de nos anciens alliés.

Déjà, la Tunisie occupée (1881-1882), un vif

mouvement d'inquiétude et de jalousie s'était manifesté en Espagne. Mais ce mouvement, qui aboutit à un projet d'alliance avec l'Allemagne, fut surtout gouvernemental.

Par la question du Maroc, au contraire, le pays tout entier a été secoué. Les premiers personnages du royaume n'ont pas hésité à proclamer l'exclusivité des droits de l'Espagne sur le nord de l'Afrique (1). Le langage des journaux espagnols à l'égard de la France a acquis une virulence inconnue.

La presse de Paris n'a pour ainsi dire pas réagi. Encore le très peu qu'elle disait concernait-il la violence du langage, non les faits.

En l'absence de toute protestation efficiente des diplomates, des historiens, des publicistes français, les théories *africanistes* chères aux Espagnols ont fini par s'imposer, — comme s'était imposé leur jugement de Napoléon et de Joseph Ier, — non seulement dans la Péninsule, mais encore en France même, où l'on a pu voir des hommes qui ont l'audience des lettrés (2),

---

(1) *Cf.* cependant le discours du 4 juin 1904, discours dans lequel M. Maura, s'adressant à la Chambre, s'élevait très justement contre cette théorie des droits exclusifs de l'Espagne.

(2) M. Etienne Lamy, dans le premier de ses articles intitulés *Choses d'Espagne*, publié par la *Revue des Deux-Mondes* (livraison du 15 juillet 1916), a écrit : « *L'Espagne*

des polémistes dont l'action sur la foule est grande (1), subir cette déformation passionnée de l'histoire, estampiller ces contre-vérités.

Car nous allons montrer, en examinant ces deux lourds griefs historiques, toutes les réserves qu'il convient de faire sur la cause et l'effet de l'invasion française en Espagne, ainsi que sur les droits de notre voisine à posséder la côte septentrionale de l'Afrique.

Sur ces deux questions, c'est le point de vue espagnol qui fait loi, car c'est le seul qui ait été publié. Il importe que la France renonce à un paradoxal renoncement. Il importe que soit publié aussi le point de vue français. Il importe que les Espagnols le connaissent, qu'ils corrigent le leur par la comparaison, qu'ils cessent de nous imputer des torts que nous n'avons pas, d'oublier des bienfaits certains, d'établir de la haine sur de la légende.

---

se souvenait d'avoir, sous Charles-Quint, dominé l'Afrique du Nord. » L'on verra plus loin, à la page 69, qu'il serait difficile de mieux bannir de sa mémoire la réalité. *Amicus Plato, sed...*

(1) A propos du manifeste des intellectuels en faveur des Alliés, et sous le titre *Sympathies Espagnoles*, M. Gustave Hervé, — ancien professeur d'histoire, — déclarait dans la *Guerre Sociale* du 6 juillet 1915 : « *Il n'y a qu'un siècle que nous faisions nous-mêmes à l'Espagne ce que les Allemands font en ce moment à la Belgique.* »

Vide infra, pages 54 à 56.

Parmi les causes actuelles de malentendus, une des plus importantes, sinon la plus importante, est LA PROPAGANDE GERMANOPHILE.

Les Allemands ont mis à profit la question du Maroc pour agiter l'opinion espagnole et la soulever. Autant qu'il était en eux, ils ont contribué au renouveau de la haine séculaire. Leur influence, tout entière bandée contre la France, est devenue d'autant plus considérable, pendant la guerre, que l'indifférence de certains de nos gouvernants et le demi-néant de notre propagande leur laissaient le champ libre.

D'autres ont exposé, déjà, leur action. Nous voudrions analyser les principaux éléments où cette action puise sa force, pour en tirer un enseignement; rechercher ensuite en quoi celle de la France pèche le plus, ce qu'elle aurait pu, ce qu'elle devrait être; montrer quelques-unes des erreurs très préjudiciables d'appréciation et de tactique politique où est tombée, trop souvent, la presse parisienne; effleurer le sujet des relations économiques, lequel demanderait, à lui seul, un volume; esquisser enfin un tableau des amitiés espagnoles.

PREMIÈRE PARTIE

LES GRIEFS HISTORIQUES

I

PEPE BOTELLA

La fête nationale de l'Espagne. — Le vain baiser de Saragosse. — Le 2 mai 1908. — Formation d'un symbole. — Motif réel de l'invasion française. — La traîtrise de Godoy. — Témoignages historiques. — Joseph Ier, roi d'Espagne. — La Constitution de Bayonne. — Les bienfaits des Français. — Le rôle décisif des moines. — Nouveaux témoignages historiques.

Victor Hugo était injuste, qui écrivait de son père : « Ce fut un soldat, rien de plus. » Les Mémoires trop peu connus de Sigisbert, comte Hugo (1), sont d'une lecture attachante. Mieux encore : ils sont précieux pour l'histoire de l'occupation française en Espagne, occupation dont une phrase du général donne la philosophie : « Le peuple, dit-il, qui oublie si facilement les bienfaits, conserve un souvenir opiniâtre des persécutions. »

L'Espagne, au seuil des temps modernes, pos-

---

(1) *Mémoires du Général Hugo, Gouverneur de plusieurs provinces et aide-major-général des armées en Espagne.* Paris, 1823.

sède, dans la même année, deux dates que toutes les nations pourraient lui envier : la conclusion de sa grande épopée, le territoire libéré, l'entrée victorieuse des armées espagnoles à Grenade, après la fuite de Boadbil, le 2 janvier 1492; et, le 12 octobre suivant, une merveille incomparable, unique, — la découverte d'un monde nouveau.

Pourtant, sa fête nationale, son 14 Juillet, ce n'est l'anniversaire ni de l'une, ni de l'autre de ces dates grandioses.

La fête nationale, en Espagne, a lieu le 2 mai.

Quel souvenir auguste évoque donc ce jour?

Une échauffourée du peuple de Madrid contre les Français, en 1808.

Surprises par l'émeute, les troupes de Murat tirèrent sur la foule. Deux capitaines d'artillerie, Daoiz et Velarde, et le lieutenant d'infanterie Ruiz, qui avaient ouvert aux civils les portes du parc d'artillerie et tâché d'organiser la résistance, payèrent de leur vie leur vaine tentative.

Tous les ans, à l'occasion du 2 mai, une procession civique parcourt pieusement les voies où le sang a coulé.

Tous les ans, à l'occasion du 2 mai, des professeurs exaltent le sentiment patriotique de leurs élèves. Ils leur présentent, comme en un diptyque : d'un côté, vêtus de couleurs atroces, les actes de nos soldats; de l'autre, éclatants et purs, les exploits des chefs espagnols et des *guerrillas*.

Tous les ans, à l'occasion du 2 mai, des prêtres montent en chaire pour montrer à leurs ouailles Napoléon-Antéchrist foudroyé par le courroux divin.

Ce n'est d'ailleurs pas seulement dans leurs classes, dans leurs manuels d'histoire, à l'église, dans leurs journaux, que les jeunes Espagnols puisent ainsi la haine du nom français; dans beaucoup de familles se transmettent des récits relatifs à ces jours lointains de plus d'un siècle; cette tradition entoure, en général, de détails infamants la conduite des troupes impériales.

Daoiz et Velarde, ce sont les héros nationaux par excellence. Tous deux ont leur statue à Madrid, sur le *paseo del Prado,* en face du musée de peinture, et leur place d'élection dans les cœurs espagnols.

Oublier ce passé! Comment le pourrait-on? Aux monuments, aux noms de places et de rues, à l'enseignement, à la tradition, vient se joindre un suprême élément de durée : la littérature. L'invasion française est une ample matière, que l'un des maîtres du roman contemporain, M. Benito Pérez Galdos, a particulièrement exploitée dans ses très populaires *Episodes Nationaux* (1).

---

(1) Nous ne parlons pas de l'art, de telle toile d'un Goya, de ses planches célèbres sur *les Malheurs de la Guerre,* visions violemment sinistres — et violemment injustes pour les Français. Quel retour probable du maître vers les jours où il enfantait ces œuvres au vitriol, lorsque, vieillissant, persécuté par les ultras de Ferdinand VII, contraint de s'exiler, il dut venir chercher dans notre France, toujours hospitalière, un asile où mourir en paix!...

En 1908, l'année même du Centenaire, des Espagnols, convaincus par éducation des torts de la France à l'égard de leur pays, eurent néanmoins, d'autant plus méritoire par là même, la volonté de rapprocher les deux nations. Nous bouder perpétuellement leur paraissait maladroit, presque injuste. Ils convièrent donc les Français à participer à l'exposition de Saragosse, — la sublime cité qui avait incarné la Résistance. L'intention était particulièrement heureuse. Les Français acceptèrent, et, le 1er mars, l'infant don Carlos de Bourbon inaugurait l'Exposition Hispano-Française.

Ce ne fut qu'un élan fugitif de concorde.

A Madrid, où les fêtes durèrent plusieurs jours, le Centenaire fut célébré avec un éclat qui fit vibrer le cœur de la foule.

Contrairement à l'avis de M. Maura, que dominait la crainte des manifestations ou même des attentats (1), le roi assista non seulement à la procession civique, mais encore à toutes les cérémonies civiles et religieuses, parcourant à pied les rues de la capitale, sans aucun déploiement de forces, au bruit d'acclamations immenses.

Jamais peut-être Alphonse XIII n'a mieux incarné l'Espagne aux yeux de son peuple. Le

---

(1) Du 9 au 11 mars, le roi avait séjourné à Barcelone, où il était allé saluer une escadre envoyée par l'empereur François-Joseph. Trois bombes furent déposées sur des points où devait passer le cortège.

patriotisme en délire lui faisait le plus sûr des remparts.

Le premier jour, sur la place du Deux-Mai, fut célébrée une messe de campagne où officia l'évêque de Sion. L'infanterie déposa une couronne à la mémoire de Daoiz et de Velarde, héros de l'artillerie; celle-ci envoya une autre couronne à la cérémonie de la place du Roi en l'honneur du lieutenant Ruiz. Puis eut lieu, dans l'église Saint-François, une troisième cérémonie religieuse pour les victimes de la guerre. Ce fut enfin la procession civique.

Le 3 mai, inauguration, au rond-point Saint-Bernard, du monument aux victimes du Deux-Mai (1); ensuite, à Mostoles, localité voisine de Madrid, inauguration de la statue élevée au fameux maire Andrés Torrejon, qui, suivant la tradition, jeta le premier cri de guerre contre les Français.

Le 5 mai, inauguration de trois plaques destinées à commémorer les actes héroïques accomplis le 2 mai 1808 : la première sur les Ecuries royales, la seconde sur la façade du ministère de l'Intérieur, la dernière sur la place du Deux-Mai.

Le 6 mai, à Ségovie, pose de la première pierre du monument érigé en face de l'Alcazar; inauguration des plaques commémoratives des

(1) Il y avait déjà un monument du Deux-Mai sur la place de la Loyauté.

rues Daoiz et Velarde; banquet à l'Ecole d'artillerie.

Nous passons les cérémonies célébrées dans d'autres villes.

Pendant ces quelques jours d'enthousiasme, l'Espagne se crut transportée à l'époque victorieuse de la guerre contre l'envahisseur. Elle se sentit plus grande, plus forte, prête à défier l'univers.

Contre les Français, tout cela se dresse, il faut qu'ils le sachent bien, plus difficile à abîmer que les Pyrénées, car il y a dans cette lutte, dont nos voisins ont fait une épopée et dont, à leurs yeux, les moindres détails pâlissent les jours les plus héroïques de la *Reconquista* (1), il y a toute la force mystique d'un symbole où s'incarnent l'âme et l'orgueil de l'Espagne.

La formation de ce symbole est facilement explicable.

Parmi d'autres causes, que nous aurons à mettre en lumière, éclate un fait essentiel : l'Espagne, à jeun depuis longtemps de puissance et de gloire, l'Espagne, fidèle cependant au rêve de domination universelle par quoi la maison d'Autriche l'avait grisée, l'Espagne voit soudain avec stupeur un rêve presque aussi vaste exalter un peuple rival, et c'est elle qui a l'honneur de

(1) La *Reconquista*, — la reconquête, — c'est la croisade religieuse et patriotique, menée contre les Maures, pendant près de huit siècles, jusqu'à la prise de Grenade, par les chrétiens d'Espagne.

porter le premier coup au César français, c'est elle qui détermine la chute du colosse.

Par une illusion bien humaine, elle s'est jugée grandie de tout l'abaissement de la France.

Elle n'a pas songé à analyser les événements, à peser la collaboration étrangère, à se demander jusqu'à quel point l'expulsion de Joseph Ier était conforme à l'intérêt national bien entendu. Au surplus, les événements transportaient les esprits.

A côté du noble dévouement de Daoiz et de Velarde, c'est la capitulation néfaste du général Dupont à Baylen; — c'est Saragosse : Palafox; Augustine d'Aragon, échevelée, tirant le canon contre l'envahisseur; la *Numance* de Cervantes déclamée sur les remparts par les moines farouches armés de crucifix et de tromblons; — c'est, enfin, après une série de combats heureux pour les armées anglo-espagnoles, la bataille décisive des Arapiles, où Wellington vainqueur prépare Waterloo...

Reconnaissons très haut la grandeur des faits et proclamons que, du point de vue strictement nationaliste, nos voisins ont raison d'en être fiers.

Allons plus loin. Avouons que, de notre côté, l'on ne peut considérer sans rougir la tragicomédie de Bayonne et les manœuvres qui l'ont entourée, celles de l'empereur comme celles de Murat et du général Savary.

Que si l'on veut établir la responsabilité première de cet événement, ce n'est pourtant pas un Français qu'il faut incriminer, mais bien un Espagnol, ambitieux à tout faire, porté au sommet des honneurs à la fois par son absence de talent et par le tempérament de sa reine, ministre toujours prêt à sacrifier sa patrie à ses propres intérêts, toujours prêt à se vendre au plus offrant : S. A. S. don Manuel Godoy y Alvarez de Aria, comte d'Evora-Monté, duc d'Alcudia et prince de la Paix.

Nous n'avons pas le loisir de nous occuper ici de sa conduite édifiante dans les affaires de Portugal, et dans les différends qui éclatèrent entre le vieux roi Charles IV et son fils Ferdinand. Nous nous limiterons au sec relevé des faits suivants :

L'Espagne, vieille alliée des Bourbons de France, déclare la guerre à la Révolution. Elle est vaincue. Godoy signe le traité de Bâle (1795) et, le 19 août 1796, conclut une alliance offensive et défensive avec la République française. Le 22 octobre 1803, avec Bonaparte consul, nouveau traité stipulant la neutralité de l'Espagne dans le cas d'une guerre avec l'Angleterre. L'attaque brusque par les Anglais, en vue de Cadix, le 1er octobre 1804, de quatre frégates espagnoles, décide Godoy à une alliance avec Napoléon Ier.

Ainsi, grâce au prince de la Paix, l'Espagne était l'alliée de l'empereur des Français, comme elle l'avait été de la République, comme elle l'avait été de la Monarchie.

Napoléon en était vivement satisfait.

Le 5 mars 1806, le ministre des Relations extérieures, M. de Champagny, s'exprimait en ces termes au Corps Législatif : « L'Espagne, constante dans sa marche, a montré une activité, une bravoure, une fidélité dont nous n'avons qu'à nous louer. »

Or le 5 octobre 1806, tandis que l'empereur était au plus ardent de sa campagne en Prusse, Godoy, brusquement, sans motif avouable, lançait un manifeste appelant les Espagnols aux armes contre la France alliée.

L'ambassadeur de Russie et l'ambassadeur de Prusse, poussés par une autre puissance, lui avaient fait accroire que l'armée de Napoléon était cernée, que l'Autriche allait entrer en campagne, que l'Espagne pouvait se déclarer impunément. Godoy dévoilait donc son âme et voulait envahir la France désarmée.

Auerstædt, Iéna, telle fut la réponse.

Godoy, épouvanté, se courba tant qu'il put : il crut faire oublier, en rampant, sa traîtrise...

Chose singulière : la préméditation de cet homme, disposé à frapper son alliée dans le dos, le commencement même d'exécution du crime, n'a pas retenu longtemps les historiens français. L'un d'eux a parlé de légère *imprudence.* Mais qu'eût-on dit, de l'autre côté des Pyrénées, si Godoy eût été un ministre de la France? Et qu'en peut-on dire, de ce prince de la Paix, lorsqu'on le voit, plus tard, abandonnant quelques velléités de fuite, vaincu par le désir d'assurer son repos, livrer à l'empereur ses souverains et son pays (1)?

Les Espagnols instruits songent-ils, parfois, à ces pénibles circonstances, et que, si elles n'effacent pas la faute de Napoléon, elles l'atténuent, au moins, singulièrement?

L'empereur ne devait-il pas chercher à se garder — à garder la France — d'un retour de la traîtrise de 1806?

Se dire que, sans elle, il n'eût pas projeté de détrôner Charles IV n'est point une supposition gratuite.

Les preuves en abondent.

La moins suspecte, c'est le témoignage de l'abbé de Pradt, archevêque de Malines, ancien aumônier de Napoléon et ensuite son ennemi déclaré. Dans ses *Mémoires historiques sur la Révolution d'Espagne* (2), il écrit (page 11) que vingt fois il a entendu l'empereur dire, en parlant des Bourbons et du manifeste d'octobre : « Je jurai dès lors qu'ils me le paieraient, que je les mettrais hors de me nuire à l'avenir. »

Dans un *Rapport du ministre des Relations extérieures* (3) *à S. M. I. et R.*, rapport daté de Bayonne et du 24 avril 1808, nous lisons :

« A l'époque de la quatrième coalition, l'Espagne

(1) Nous ne voudrions pas ne pas rappeler que Godoy a laissé des *Mémoires apologétiques*, traduits en français par Esménard. Paris, 1836-1838.
(2) Parus en 1816.
(3) M. de Champagny.

montra plus ouvertement ses dispositions hostiles et trahit, par un acte public, le secret de ses engagements avec l'Angleterre. On ne peut oublier cette fameuse proclamation qui précéda de 9 jours la bataille d'Iéna, par laquelle toute l'Espagne était appelée aux armes, lorsque aucun ennemi ne la menaçait, et qui fut suivie de mesures promptement effectuées, puisque l'établissement militaire de ce royaume fut porté de cent dix-huit mille hommes à cent quarante mille...

... Le moment est arrivé de donner à la France, du côté des Pyrénées, une sécurité invariable...

... L'Espagne s'est réellement mise en guerre avec V. M. : ses intelligences avec l'Angleterre étaient un acte hostile; sa proclamation du 5 octobre, une véritable déclaration de guerre qui aurait été suivie d'une agression, si V. M. n'avait pas vaincu à Iéna. Alors les départements de la gauche de la Loire, que V. M. avait laissés sans troupes, auraient été obligés d'accourir pour repousser ce nouvel ennemi... »

Dans les très curieuses *Conférences qui eurent lieu à Bayonne, dans le mois de mai* 1808, *entre Napoléon Ier, empereur des Français, et les commissaires du roi d'Espagne Ferdinand VII, particulièrement avec le conseiller d'Etat D. Juan Escoiquiz,* l'on voit l'empereur insister vivement sur le manifeste de Godoy, et, comme disait M. de Champagny, sur la nécessité d'assurer la sécurité de la France, du côté des Pyrénées.

En cherchant à violenter l'Espagne, Napoléon n'a pas cédé à une « avidité spoliatrice », mais bien au souci de la légitime défense.

C'est la fourbe incroyable de Godoy qui a provoqué l'invasion française.

Donc, la couronne d'Espagne est confisquée. Joseph Bonaparte entre à Madrid le 23 juillet 1808; le 25 juillet, il est installé en grande pompe; le voilà sur le trône.

Il reçoit le serment de tous les corps de l'Etat, — sauf du conseil de Castille. Il est reconnu par toute l'Europe, — sauf par l'Angleterre. Le peuple se montre froid, mais la noblesse multiplie les protestations de dévouement. Le représentant d'une des plus illustres familles du royaume, le duc d'Albe, grand d'Espagne de première classe, demande la faveur de servir comme simple cavalier dans les hussards de la garde. Le conseil de Castille, après quelques jours d'hésitation, va sans doute s'incliner. Dès lors, tous les Espagnols se rallieraient au nouveau souverain, lorsque « retentit tout à coup, comme un éclat de tonnerre, cette étonnante nouvelle » : la capitulation du général Dupont à Baylen (22 juillet).

La chute de Napoléon fut écrite, en ce jour, au livre du Destin.

Hé quoi! le héros n'est donc pas invincible?

Aussitôt, les hésitants reprennent assurance. Plusieurs de ceux qui ont juré fidélité avec le plus d'ardeur vont être les pires adversaires de l'*intrus*. Don Pedro Cevallos, ancien secrétaire d'Etat de Charles IV (1), puis conseiller de Fer-

(1) Il devait cette haute situation à son mariage avec une parente de Godoy.

dinand VII, enfin ministre de l'Intérieur de Joseph, trouve sans doute ailleurs une enchère plus forte : il démissionne bruyamment (28 juillet) et dévoile les événements de Bayonne (1). La haine fermente. Peu à peu, les insurgés épars forment un bloc. Les mouvements deviennent une guerre. L'Angleterre, tenacement, donne tout son appui. La calomnie fait son œuvre. Le sobre Joseph Ier, représenté comme adonné à la crapule, est surnommé *Jojo la Bouteille* (PEPE BOTELLA).

Ce règne, qui devait durer cinq années, ce règne n'est plus qu'une longue lutte acharnée,

---

(1) A cause des retards exigés par la rédaction et par l'impression, son récit, qui courait partout, parut daté de Madrid, le 1er septembre 1808, sous ce titre : *Exposé des moyens employés par l'empereur Napoléon pour usurper la couronne d'Espagne*. On lira aussi avec intérêt le *Discours politique de don Pedro Cevallos, ambassadeur d'Espagne à Londres, adressé aux Espagnols*, qui donne des indications précises sur le rôle de l'Angleterre. L'Exposé et le Discours ont été traduits dans la *Collection complémentaire des Mémoires relatifs à la Révolution française*, Paris, 1823, œuvre partiale, inspirée par la haine de « Buonaparte », où l'on trouve en outre, de Escoiquiz, l'*Exposé des motifs qui ont engagé en 1808 S. M. C. Ferdinand VII à se rendre à Bayonne* et les *Conférences*.

Pour les premières opérations anglaises, on pourra consulter *The Diary of sir John Moore, edited by major-general sir J. F. Maurice*, Londres, 1904. (Le général Moore fut tué le 16 janvier 1809, en défendant La Corogne contre Soult.)

Les opérations françaises sont exposées en détail dans un ouvrage du capitaine A. Grasset : *La Guerre d'Espagne (1807-1813)*, ouvrage publié à Paris sous la direction de l'Etat-Major de l'armée. Le tome premier a paru en 1914.

Le livre le plus important sur les rapports entre la Péninsule et la Grande-Bretagne est celui de M. de Villa-Urrutia : *Relaciones entre España e Inglaterra durante la guerra de la independencia*. Madrid, 1911.

devenue, pour les Espagnols, « la guerre de l'Indépendance ».

Dans une telle situation, il eût fallu, pour l'emporter, un soldat de génie, — d'un génie implacable. Joseph Ier n'était nullement ce soldat. C'était un homme intelligent et brave, mais surtout un brave homme, mû par un seul désir : le bonheur de ses sujets. A Naples, il était ou croyait être aimé de tous. Son unique ambition paraît avoir été d'atteindre, à Madrid, le même résultat par sa conscience à remplir ses devoirs de souverain et par la bonté.

De cette bonté, citons un trait où se marque, en outre, l'esprit français.

Une des nombreuses petites pièces écloses alors à Madrid, et dont l'intention patriotique était le seul mérite, avait pour titre : *Le Sermon sans fruit ou Joseph Bouteilles*. L'auteur, Félix Encisco Castrillon, y montrait, fugitif à Logroño, Joseph qui cherche à faire une harangue, puise ses inspirations dans les bouteilles qu'on lui présente à chaque instant, et tombe terrassé par l'ivresse avant d'avoir achevé son discours. La première représentation eut lieu au théâtre de la Croix, le 14 novembre 1808.

Un écrivain charmant, qui a tracé du vieux Madrid une foule de croquis et de dessins précieux, Mesonero Romanos, conte dans ses *Memorias de un Setenton* (Mémoires d'un septuagénaire) que le roi Joseph, de retour dans la capitale, en janvier 1809, fut mis au courant. Il manda les acteurs à la *Casa de Campo*, leur fit jouer, plus morts que vifs, *Le Sermon sans fruit;* après quoi il les complimenta fort sur leur talent et leur fit un présent magnifique.

Dans les *Mémoires* très instructifs du général Bigarré (1), qui fut aide de camp du roi, l'on trouvera d'autres preuves d'une bonté naturelle, exempte de calcul (2).

Dès que Joseph Bonaparte fut sur le trône de Madrid, il fit preuve d'une magnanime confiance et ne voulut plus être entouré que d'Espagnols; il ne connut plus qu'un intérêt, celui de l'Espagne; il le défendit énergiquement contre son frère même. et c'est la réponse la meilleure à ceux qui l'accusent d'avoir manqué de caractère, de n'avoir été bon que par faiblesse.

Une telle attitude lui a beaucoup nui en France; les meilleurs historiens du premier Empire ne sont guère tendres pour lui (3). L'heure

(1) *Mémoires du Général Bigarré, aide de camp du roi Joseph* (1775-1813). Paris. 1893. — Le général, un brave, n'était pas toujours d'accord avec la syntaxe, mais il n'était point dénué de perspicacité. Au lendemain d'Austerlitz, il osa braver les reproches de l'empereur en personne. et il semble bien que ce soit l'unique motif qui l'ait empêché de devenir maréchal. Même si l'on ignorait une telle circonstance, l'on ne pourrait qu'avoir foi dans sa franchise, quand on le voit narrer si ingénument son apprentissage de picador chez le marquis de Guardia Real, ou bien la terreur que lui inspire un troupeau de porcs au milieu duquel le précipite une chute imprévue, ou encore, et surtout, ses infortunes conjugales. Notons aussi qu'il sait rendre justice à ses ennemis et brosse un fier portrait d'Arizago durant la bataille d'Ocaña.

(2) Notamment aux pages 252-254 et 291.

(3) Cf. M. Frédéric Masson, *Napoléon et sa famille.* Tome IV, 1807-1809. Paris, 1900.

M. Geoffroy de Grandmaison, *L'Espagne et Napoléon,* 1804-1809. Paris, 1908.

de la justice n'a pas encore sonné. L'on ne tient pas assez compte des difficultés où s'est débattu cet homme, plus malheureux que maladroit, ni, surtout, de sa tendance aux solutions humaines, laquelle devrait primer, pour la postérité, la brutalité triomphante et féroce, — fût-ce même celle d'un Charles-Quint.

Assurément, le prince qui se limiterait à de bonnes intentions ne posséderait qu'un mérite négatif.

L'équité doit se demander si c'est là le cas de Joseph et si un inventaire des résultats de son règne n'aboutit qu'au néant.

Dans quel état l'ex-roi de Naples trouvait-il l'Espagne?

Au XVIIIe siècle, l'avènement des Bourbons avait arrêté la décadence effroyable née de l'épuisement où la folie de Charles-Quint et de Philippe II avait plongé ce royaume. Mais, sous Charles IV, la chute avait recommencé, vertigineuse. C'étaient, avec un absolutisme d'une rigueur insensée, la misère, la dépopulation, l'abandon des terres, le trouble, l'anarchie, le banditisme. Seules, deux puissances dressaient leur visage hautain au-dessus de tant de ruines : l'Inquisition et l'ignorance.

Par la Constitution de Bayonne, due, il faut l'avouer, au génie organisateur de l'empereur (1), Joseph établissait la liberté indivi-

(1) Longuement discutée, présentée dans son texte défi-

duelle, l'égalité devant la loi, l'accessibilité de tous aux emplois publics, l'inviolabilité du domicile et des personnes, la liberté de l'imprimerie; il supprimait les douanes provinciales, si préjudiciables au commerce; surtout, il abolissait la torture et l'Inquisition.

C'était l'avènement d'une politique vraiment libérale, que le nouveau roi était décidé à appliquer en toute loyauté.

Si les Espagnols se sont refusés à avoir leur Bernadotte en la personne de Joseph Ier, ils n'ont pu repousser complètement les libertés que le drapeau français leur avait apportées dans ses plis, et les Cortès elles-mêmes, auxquelles Ferdinand, retenu en France, confiait le soin de le représenter, les Cortès insurgées, entraînées par l'idée et par l'exemple, calquaient en grande partie la constitution nouvelle (1).

Malgré toutes les tentatives de réaction, malgré l'absolutisme étroit de Ferdinand VII restauré, malgré l'expédition du duc d'Angoulême en 1823, l'Inquisition avait vécu. *Pepe Botella,* que l'on appelait aussi « le roi intrus » (*rey*

---

nitif par Joseph, le 7 juillet 1808, à la Junte assemblée à Bayonne, elle fut publiée à Paris par le *Moniteur*, le 15 juillet 1808, et à Madrid le 29 mars et le 2 avril 1809. Cf. M. Pierre Conard, *La Constitution de Bayonne. Essai d'édition critique*. Lyon, 1909.

(1) C'est en 1812 que les Cortès de Cadix publièrent la constitution de la monarchie espagnole, dont Ferdinand VII, persécuteur acharné des libéraux, ne devait respecter aucun article. Mais déjà la Junte centrale qui, sous la présidence du comte de Floridablanca, avait précédé les Cortès, s'inspirait, dans son décret du 22 janvier 1809, de la Constitution de Bayonne.

intruso) et « le roi des carrefours » (*rey plazuelas*), — *Pepe Botella* en avait débarrassé l'Espagne. N'était-ce pas déjà un service appréciable?

La dette de l'Etat semblait un gouffre. Par la mise en vente des domaines nationaux, Joseph la diminua considérablement et, sans la guerre intérieure, il serait peut-être parvenu à l'éteindre.

Il encourageait l'instruction, embellissait et assainissait Madrid, qu'il dotait de places et de fontaines publiques.

Ses généraux combattaient le banditisme et l'abandon des champs. Les jachères étaient mises en culture. Valence et l'Andalousie, les deux provinces le plus vite et le plus complètement pacifiées, le plus franchement ralliées au nouveau souverain, virent bientôt s'accroître leur prospérité. Cette *huerta de Valencia*, cette *vega de Granada*, dont nos voisins sont, à juste titre, si fiers, doivent beaucoup à l'invasion (1).

Il faut lire, dans les *Mémoires* du général Hugo, tous les efforts réalisés par les Français contre des obstacles sans nombre.

Les maîtres espagnols devraient donc présenter à leurs élèves non pas un diptyque, mais un triptyque. Ils oublient, et l'Espagne oublie avec eux le troisième volet : celui des bienfaits. Ce n'est pas le moins important...

(1) Nous savons que M. Vicente Blasco Ibañez, le célèbre écrivain et homme politique valencien, n'est pas le dernier à en convenir pour sa chère province natale.

Que dire des Français qui, eux-mêmes, négligent ou, plutôt, renient cette action *humaine?* Que deviennent, dans leurs préoccupations politiques, l'intérêt de la vérité et celui de la France?

C'est pour des égoïsmes de parti que la Restauration a contresigné la déformation espagnole des événements de 1808. C'est pour des égoïsmes de parti que tels journalistes contemporains ont réédité, depuis la guerre, les couplets des plumitifs de 1816 à 1830 sur les crimes de Buonaparte en Espagne.

Ils disent, eux, « le Kaiser Napoléon ». Mais ils oublient, outre la provocation de Godoy à la France, outre la bienfaisante Constitution de Bayonne, outre l'action non moins bienfaisante de Joseph, ils oublient que ce Kaiser n'avait pas précisément pour modèle Attila, et que les églises, les musées, les bibliothèques de l'Allemagne n'ont pas plus souffert du passage des Français que la cathédrale de Burgos ou celle de Tolède!

Tout bien considéré, peut-être avons-nous tort. Peut-être n'oublient-ils rien et ne songent-ils pas aux haines de parti. Peut-être leur injustice naît-elle simplement d'une intention diplomatique. Car il ne s'agit point d'hommes dépourvus d'instruction ni de talent, et il est permis de supposer qu'ils se laissent guider par l'espoir d'un rapprochement espagnol plus rapide si, dans les questions qui divisent les deux pays, la France, perdant ou feignant de perdre de plus en plus la mémoire du *point de vue français*, se décide à faire chorus avec ses accusateurs. Un tel sentiment leur serait alors commun avec cette conférencière dont toute la propagande s'est bornée à dire à peu près à ses auditeurs espagnols : — Vous n'aimez pas Napoléon? Vous avez bien raison. Nous non plus! — Politique ingénue, dont tout Madrid « de rire s'éclata... ».

Parmi les événements dont la Péninsule a été le théâtre de 1808 à 1813, il en est dont les Français, il en est dont les Espagnols peuvent et doivent être fiers.

Des deux côtés, il y a eu des faits regrettables, — moins, cependant, de la part des Français.

Joseph a sévi de son mieux contre les officiers coupables de malversations (1); le respect de la propriété était assuré (2); les soldats qui se laissaient entraîner à des actes de violence ne tardaient pas à les expier.

Du côté espagnol, l'achèvement systématique des blessés était à l'ordre du jour (3), et l'on compte ceux qui eurent, comme le lieutenant Rocca, la bonne fortune d'émouvoir une jolie fille et d'être soignés par elle en secret.

---

(1) Cf. *Mémoires du général Bigarré*, page 260.

(2) *Ibid.*, pages 243-244. — Cf. aussi dans les *Souvenirs militaires* du colonel Aymar-Olivier Le Harivel de Gonneville, publiés à Paris en 1875, les pages 114-115, — et, dans notre Conclusion, la citation topique de la page 241.

(3) L'on peut voir, dans les *Mémoires du général Hugo*, comment les Français, par une conduite bien différente, parvinrent parfois à rendre les Espagnols moins féroces.

Nous avons entendu, dans notre enfance, une très vieille Aragonaise aux yeux de jais, qui avait dû être vraiment belle, conter comment, avec d'autres jeunes filles, elle attirait par ses agaceries des officiers ou des soldats français, les conduisait au dernier étage d'une maison dont la partie postérieure donnait sur un ruisseau aux bords escarpés et rocheux, et là, par une ouverture sans appui, les précipitait dans le vide. Deux moines instigateurs et complices aidaient les corps à disparaître. Malgré ses cheveux blancs, elle mettait dans son récit le même feu que dans l'action. Nous revoyons toujours cette face tragique.

Quant aux *guerrillas*, dont les moines étaient l'âme, et qui firent perdre aux Français 180.000 hommes, l'on sait que l'humanité n'existait pas pour elles (1). Pourquoi s'en étonner? Les partisans espagnols traitent avec la même cruauté leurs propres compatriotes. Ils l'ont bien prouvé encore, dans la dernière guerre carliste, aux ordres de *cabecillas* tels que le sinistre curé Santa Cruz (2)...

Beaucoup d'Espagnols, témoins de l'invasion, appréciaient les services rendus à leur pays par le débonnaire *Pepe Botella*. On les appelait

(1) Dans ses *Souvenirs*, le colonel de Gonneville (grand-père de Gyp) donne, surtout à la page 97, quelques échantillons d'atrocités vraiment déconcertantes.

(2) Cf. M. Léonard Laborde, *Les débuts de Santa Cruz*. Paris, 1885. L'ancien curé d'Hernialde est mort récemment dans un monastère colombien.

afrancesados et aussi *josefinos*. Sauf les grands d'Espagne, dont l'attitude variait selon les circonstances, ils marquèrent une belle fidélité au nouveau souverain. Plusieurs moururent en exil. Les autres demeurèrent attachés à la Constitution de Bayonne (1).

Valence oubliait la défaite, le bombardement, et souriait au maréchal Suchet, son vainqueur.

En Andalousie, les Français avaient fait une simple promenade militaire, qui s'arrêta devant Cadix, à cause des tergiversations de Victor et de Soult. Le général Bigarré s'étend sur l'accueil extraordinairement enthousiaste de cette province. Mélancolique, il écrit, vers 1830 :

« La postérité se refusera à croire que le frère de Napoléon a été en 1810 l'idole des peuples d'Andalousie et de Grenade, et c'est pourtant l'exacte vérité (2). »

Malgré Baylen, malgré Cadix, malgré les intrigues nationales ou étrangères, Joseph se serait maintenu probablement : n'avait-il pas pour lui, avec une partie de la noblesse, du clergé, de l'élite intellectuelle, le plus grand nombre des Espagnols aux aspirations libérales?

Son crime inexpiable, celui qui pèse encore sur les relations franco-espagnoles, ce furent les

(1) Il y a, aujourd'hui encore, des Espagnols qui regrettent hautement que Joseph ait échoué dans son entreprise, des Espagnols reconnaissants envers la France du souffle libéral qui avait traversé les Pyrénées avec les soldats de l'empereur. Quel levier pour une propagande sérieuse!...

(2) *Mémoires*, page 273.

mesures par lesquelles il crut pouvoir pallier la dépopulation, réduisant, puis supprimant les couvents d'hommes, et ne permettant pas, sans son autorisation expresse, les vœux de nouvelles religieuses. Il comptait rendre ainsi à l'Espagne active, immédiatement, quarante mille hommes, — sans parler des femmes. Le seul résultat qu'il obtint, ce fut une armée d'ennemis incomparables (1).

Alors que ces mesures n'étaient encore que projets, Murat, bon juge des Espagnols, prévoyait les difficultés qu'elles entraîneraient. Il écrivait à l'empereur, à la date du 2 juin 1808 :

« Le projet de Constitution a été trouvé si beau, qu'il est impossible qu'il ne produise l'effet désiré quand il sera connu.

« *Mais il est nécessaire que, dans ce projet, il ne soit pas question... de suppression de l'Inquisition, de réforme des moines...* » etc. (2)..

Et un autre acteur de ces événements, le beau lieutenant Rocca, celui qui devait être le second époux de Mme de Staël, s'exprime ainsi dans ses Mémoires :

---

(1) Il y eut au moins une exception, celle du pauvre moine Concha, dont les aventures romanesques sont rapportées par le général Hugo, dans le tome second de ses Mémoires (chapitres XIV et XXII).

(2) *Lettres et documents pour servir à l'histoire de Joachim Murat*, 1767-1815, *publiés par S. A. le Prince Murat*, tome VI (page 187). Paris, 1912.

Dans une lettre antérieure, datée du 16 mai, Murat écrivait à l'empereur :

« Votre Majesté sera étonnée du caractère de cette nation. On ne lui fait pas faire facilement tout ce qu'on veut. » *Ibidem*, VI (p. 121).

« La réduction des ordres religieux, et l'abolition de l'inquisition que les autorités françaises venaient de proclamer, loin de faire regarder les Français comme des libérateurs, augmentèrent la haine violente que leur portaient le clergé et ses nombreux zélateurs. Les religieux de tous les ordres, qui avaient été renvoyés de leurs couvents, se répandaient dans le pays, et ils allaient de toutes parts prêcher contre nous. Couvrant d'un zèle saint le ressentiment qu'ils avaient de la perte récente de leurs biens, ils cherchaient à exciter le peuple contre les Français par tous les moyens possibles. Les prêtres disaient hautement que l'inquisition n'avait été établie que contre les étrangers; que sans l'inquisition, tous les principes religieux auraient été détruits depuis longtemps en Espagne, comme ils l'étaient depuis plus de vingt années en France (1). »

La même note, nous la retrouvons, plus pittoresquement exprimée, dans les *Mémoires du général Bigarré :*

« Joseph Bonaparte convenait parfaitement pour roi à la grande masse des Espagnols instruits et propriétaires, mais les prêtres, qui voyaient en lui le second volume de son frère Napoléon, redoutaient le système de gouvernement adopté en France, et par cette raison tenaient à conserver un Bourbon sur le trône d'Espagne. Ils savaient qu'avec ce Bourbon il leur serait toujours facile de gouverner le royaume à leur avantage. Tandis qu'avec un Bonaparte constitutionnel ils ne pouvaient plus être que les simples ministres de l'Evangile. Ils firent donc tout ce qu'ils purent pour empêcher le peuple de s'attacher au nouveau roi. Dans la chaire, au confessionnal, ils le décrièrent comme

(1) *Mémoires sur la guerre des Français en Espagne, par M. de Rocca, officier de hussards et chevalier de l'ordre de la légion d'honneur,* 2e édition, Genève, 1887 (pages 59-60).

un athée, comme un envoyé de Satan, et furent jusqu'à le faire passer pour le plus vil des ivrognes, lui qui ne buvait que de l'eau.

« Ces grossières invectives répandues avec profusion dans les provinces de l'Espagne, par des hommes habitués à diriger la conscience des paysans et des ouvriers, produisirent l'effet qu'ils s'en étaient promis. Joseph Bonaparte ne fut pour le peuple espagnol, dont l'ignorance et la crédulité sont au-dessus de tout ce qu'on peut dire, qu'un souverain sans principes religieux et sans conduite. On le représenta dans plusieurs caricatures, la figure enluminée, le corps gros, les jambes de travers, et tenant dans chacune de ses mains une bouteille pleine et sous les pieds un crucifix.

« On ne saurait croire combien cette odieuse caricature indisposa le peuple contre son nouveau roi. Dans les campagnes, il était impossible de détruire l'impression qu'elle avait faite, et dans les villes où le roi Joseph passait les moines et les prêtres avaient l'impudence de soutenir à la populace que ce n'était pas lui, et ces malheureux le croyaient (1). »

Plus loin, dans la relation de la promenade triomphale en Andalousie, le général fait cette remarque assez fine :

« Néanmoins, à travers ces démonstrations d'une joie si générale, on démêlait une inquiétude vague sur la physionomie des prêtres et des moines.

« Ces derniers n'ignoraient pas que la restauration de l'Espagne ne pouvait se faire qu'à leurs dépens, mais ne pouvant contenir l'effervescence nationale, ils se bornaient à faire contre fortune bon cœur et chantaient *Te Deum* en disant tout bas : *paciencia* (2). »

(1) Général Bigarré, *Mémoires*, pages 233-234.
(2) *Mémoires*, page 267. L'auteur écrit : *patienza*.

L'on peut dire, sans crainte d'exagérer, que, seuls, le parti nationaliste et l'Angleterre eussent été impuissants à détrôner l'*intrus*.

Les Anglais ne s'y trompaient pas.

George III, le 4 octobre 1808, et Canning, le 5 octobre 1808, dans leurs instructions au Ministre de S. M. Britannique en Espagne, Mr. John Hookham Frere, envisageaient « *l'hypothèse désastreuse où les Français resteraient, en fin de compte, les maîtres de la Péninsule.* »

Les moines firent pencher la balance.

Ils sont les véritables vainqueurs de Joseph Ier, les attiseurs directs et les perpétueurs de la haine populaire contre les Français.

II

LE CHIEN DU JARDINIER

L'Espagne et le Maroc. — Au XIIIe siècle, l'Espagne se détourne de l'Afrique et convoite déjà l'empire d'Allemagne. — Les vues d'une grande souveraine. — Cisneros. — L'Espagne sous Charles-Quint. — Un échec de l'empereur. — Philippe II. — La bataille de Lépante. — Ambition néfaste de don Juan d'Autriche. — Alger. — Les faits et le sentiment. — Titres exclusifs et imprescriptibles de la France sur le nord de l'Afrique. — Action désintéressée en faveur de l'Espagne.

Du point de vue historique, logiquement, l'Espagne devrait avoir raison, quand elle parle de ses droits sur le nord de l'Afrique. N'était-elle pas désignée, elle, envahie en 711 par les Arabes, pour porter un jour la lutte sur l'autre continent et s'y établir?

Dès le XIIIe siècle, elle y songea.

Le 30 mai 1252, Ferdinand III mourait à Séville, par lui conquise sur les Maures, alors qu'il se disposait à attaquer la puissance mahométane en Afrique.

Le fils de ce roi, Alphonse X, le Savant, caressa un moment le même projet, puis l'abandonna. Il préféra disputer sottement et ruineusement à Richard de Cornouailles l'empire d'Allemagne, qu'en 1273 le choix des électeurs devait attribuer à Rodolphe de Habsbourg, l'ancêtre de la famille régnante d'Autriche-Hongrie. *Et c'était le temps où saint Louis, le désintéressé, mourait pieusement devant Tunis* (1270) *au cours de la huitième et dernière croisade,* — la dernière du moyen âge.

Il fallut attendre ensuite plus de deux siècles, pour voir reparaître le bon sens et la clairvoyance dans la politique de nos voisins.

En 1496, les Espagnols s'emparaient de Melilla, qu'ils surent rendre inexpugnable. La conseillère de l'expédition n'était autre qu'Isabelle la Catholique, l'une des plus grandes femmes d'Etat de l'histoire universelle et la plus haute figure politique de l'Espagne.

Cette souveraine, en qui s'unissaient la pénétration et la bonté, n'avait pas hésité, devant le mauvais vouloir du roi son époux et des savants de sa cour, à mettre en gage ses bijoux pour permettre à Colomb d'accomplir son premier voyage. Néanmoins, la découverte des *Indes occidentales* n'avait pas offusqué la sagacité de son esprit. Dans son testament, elle écrivait que les Espagnols devaient diriger leurs regards et leurs efforts vers le nord de l'Afrique. C'était là que l'Espagne devait poursuivre la gloire des conquêtes.

A la mort d'Isabelle (26 novembre 1504), le

célèbre cardinal Ximénès de Cisneros résolut d'obéir au désir de la grande reine. Mais un échec mit fin à une première tentative de conquête (1), et bientôt apparut un nouveau maître, Charles-Quint, qui allait réaliser les projets d'Alphonse le Savant et changer, avec les destinées de l'Espagne, celles de l'Europe tout entière. Son premier acte fut de disgracier Cisneros (son Bismarck).

Fils d'une princesse que guettait la folie et d'un Autrichien brutal, ce mégalomane, qui dévorait en secret les romans de chevalerie et rêvait de domination universelle, fut pour l'Espagne une véritable calamité.

Une horde de reîtres allemands, hollandais, flamands, envahirent la Péninsule, s'emparant des hauts emplois, que Charles leur avait vendus avant de venir occuper le trône (2), faisant brutalement sentir partout leur autorité de véritables conquérants.

Tout d'abord, ceux des Espagnols qui n'avaient pas une âme d'esclave, et ils étaient nombreux, se soulevèrent contre le prince

(1) En septembre 1505, une expédition eut lieu, qui donna quelques résultats. En 1509, une nouvelle expédition, dirigée tout d'abord par Cisneros en personne, s'empara d'Oran, puis, l'année suivante, de Bougie et de Tripoli. Mais, devant l'île de Djerba, qu'ils appelaient *los Gelves*, les Espagnols échouèrent complètement, et leur flotte fut dispersée par une furieuse tempête.

(2) Dans son testament, Isabelle la Catholique, poussée peut-être par un pressentiment de l'avenir, disposait qu'aucune charge civile ni ecclésiastique ne pourrait être donnée « à des personnes qui ne soient pas natives de ces miens royaumes et réellement habitantes d'iceux ».

étranger qui prétendait gouverner l'Espagne contre l'Espagne. Cette admirable révolte des *Comuneros* fut une autre affaire que la poussée de 1808 contre les Français.

Charles eut peur. Mais il était Allemand. Devant les assemblées, il jura, se parjura, joua toutes les comédies que peut enfanter une mauvaise foi insigne; puis ce fut l'ère des atrocités, et des ruisseaux de sang coulèrent.

Malgré l'héroïsme de Maria Pacheco (1) qui, pendant dix mois, dans Tolède assiégée, tint tête aux troupes de Charles; malgré les trois années que résistèrent les *Germanias* ou associations fraternelles de Valence, le manque d'entente fut fatal aux insurgés; les troupes du roi féroce et du futur pape Adrien VI furent victorieuses.

Dès lors, l'Espagne ne fut plus l'Espagne.

Charles traita ce malheureux pays comme

(1) Veuve de don Juan de Padilla, général en chef des *Comuneros*, défait à Villalar, le 21 avril 1521, et décapité, le 24, avec deux de ses compagnons : Juan Bravo et Maldonado. L'évêque de Zamora, don Antonio de Acuña, qui s'était enfui après la bataille, fut pris en Navarre et pendu à Simancas. Quant à Maria Pacheco, lorsque la position ne fut plus tenable, elle parvint à sortir de Tolède et à se réfugier en Portugal auprès de son oncle. l'archevêque de Braga. Charles-Quint fit sentir aux *Comuneros* l'horreur de sa vengeance jusqu'en l'année 1526.

Il a fallu tout l'exorbitant romantisme d'un Victor Hugo pour transformer cet homme, l'un des plus froidement cruels qu'enregistrent les annales de l'humanité, en un grand souverain clément.

François Ier, en qui la fantaisie du poète n'a vu qu'un débauché grotesquement hideux, attend que l'on vulgarise son rôle humain de défenseur de la culture latine.

une colonie de l'Allemagne, une colonie qu'il ne se contentait pas de pressurer, mais dont il exigeait chaque jour, pour un but chaque jour plus incertain, des hommes et encore des hommes.

Elles étaient bien oubliées, les paroles d'Isabelle : « Cherchez la gloire des conquêtes dans l'Afrique du Nord! »

Les pensées du roi volaient ailleurs : la France séparait et bornait ses domaines, — la France ardemment convoitée; l'Allemagne nourrissait alors des luthériens épris de liberté; Soliman et ses Turcs n'étaient guère commodes; ce triple frein irritait, il finit par lasser le despote.

En abdiquant, Charles transmit à son fils, avec une absence complète d'humanité, la soif de la domination universelle.

L'effort de Philippe II se dispersa à Paris, à Londres, aux Pays-Bas.

Les deux souverains, les yeux fixés sur le même sanglant mirage, entraînèrent la Péninsule hors de ses voies.

Toute l'Espagne noble et semi-noble dévora les romans de chevalerie (1), comme les dévorait Charles de Gand, — prototype de don Quichotte; toute l'Espagne noble et semi-noble, pareille à « l'ingénieux hidalgo » couronné, ven-

(1) Dans l'histoire littéraire, ne peuvent être comparés à ces productions, pour leur extravagance et pour leur popularité, que les romans policiers et cinématographiques de ces dernières années.

dit ou laissa en friche les arpents bien réels de terre labourable pour courir frénétiquement les aventures, tâchant à conquérir royaumes et trésors; toute l'Espagne noble et semi-noble, incarnée dans son roi, qui devait devenir, avec Philippe II, « le chevalier de la Triste Figure » (1), donnait de formidables et désastreux coups de lance dans les moulins à vent de l'ambition.

Le peuple-Sancho, malgré son gros et solide bon sens naturel, finit par être ébranlé, par croire aux imaginations les plus absurdes, par monter sur son âne et par suivre, vers tous les horizons, la grande rosse maigre où chevauchait la folie (2).

Ce fut un cas de déraison collective.

Comment les esprits eussent-ils pu demeurer calmes? Le rêve et la réalité semblaient se confondre. Les événements étaient même parfois plus extraordinaires que les divagations de la littérature à la mode. Amadis paraissait un petit garçon au prix de Cortès, de Pizarre. Chaque jour, une découverte nouvelle venait exciter davantage les imaginations enfiévrées. Le Mexique, le Pérou, soumis à la torture, envoyaient les métaux précieux par quantités inouïes, ac-

(1) L'on sait que ce monarque aimable ne rit qu'une fois en sa vie : le jour où il apprit la Saint-Barthélemy.

(2) Don Quichotte a des moments de vive lucidité. C'est alors Cervantes lui-même qui parle éloquemment par la bouche du chevalier. Il faut distinguer, parmi les éléments principaux de ce livre unique : la satire littéraire, la satire politique et les justes rancœurs du génie méconnu.

crues encore, comme les stupéfiants mais atroces exploits de *conquistadores* (1), par les récits qui volaient de bouche en bouche. La fameuse Tour de l'Or ne se dressait-elle pas comme un bon garant de la vérité de l'invraisemblable?

Saoule de gloire et de fausse richesse, hallucinée, abusée par ses maîtres, qui faisaient d'elle une nation de proie, l'Espagne prodiguait, dans l'univers, le sang noble, le sang généreux de la *Reconquista,* et, peu à peu, sous une apparence magnifique, elle n'était plus qu'un grand corps épuisé.

Un seul homme le vit, un seul homme essaya de guérir son malheureux pays; mais c'était un génie : Cervantes — et il venait trop tard!...

A deux reprises, contre son gré, Charles-Quint avait pourtant dû s'occuper des Barbaresques, dont l'insolence était accrue par l'alliance angoissée de François Ier avec les Turcs, et qui redevenaient un danger pour l'Espagne. En 1533, les impériaux s'emparèrent de la Goulette. Mais, en 1541, *l'empereur en personne subit, devant Alger, un très grave désastre* (2)...

Quant à Philippe II, grâce à l'initiative du pape Pie V, son règne vit le point culminant des efforts de la chrétienté contre les Turcs et les Barbaresques.

---

(1) Cf. du généreux évêque Las Casas, l'émouvante *Brevisima relacion de la destruccion de las Indias,* publiée à Séville en 1552, traduite en français à Anvers, en 1679, sous ce titre : *Tyrannies et cruautés des Espagnols.*

(2) En 1517, les armes espagnoles avaient déjà subi un échec devant Alger.

En 1571 (1), l'Etat pontifical, Venise, Gênes, les chevaliers de Malte et l'Espagne s'allient pour former une escadre dont le chef est don Juan d'Autriche, le fils naturel de Charles-Quint. Le traité de la Sainte Ligue est publié le 20 mai. Pendant l'été, don Juan concentre rapidement ses forces à Messine, oblige les Turcs à se réunir dans le golfe de Lépante, et remporte sur eux une victoire qui devait avoir un retentissement énorme (7 octobre 1571). Elle fut célébrée surtout en Italie et en Espagne, les deux pays le plus exposés aux exploits des Barbaresques; mais, en France même, malgré la rivalité, elle excita un réel enthousiasme; Brantôme en devient lyrique dans ses *Grands Capitaines* (2).

L'escadre chrétienne avait triomphé; toutefois, elle était très éprouvée; la plupart des

(1) En 1552, les pirates s'emparent de l'ilot rocheux de Vélez de la Gomera, en avant de Melilla, mais les Espagnols conquièrent enfin l'île de Djerba. En 1560, ils y subissent une défaite sanglante. Une escadre, destinée à venger cette défaite, a le sort de presque toutes les escadres de Philippe II : elle est détruite par les éléments. En 1563, les Espagnols reprennent Vélez de la Gomera. En 1565, ils mettent en fuite les Turcs, qui veulent s'emparer de Malte après s'être installés à Chypre... Aucun plan. Actions de détail sans lien. Poussière. La pensée du roi est à Paris, à Londres, aux Pays-Bas...

(2) N'oublions pas que, parmi les soldats et les capitaines qui combattirent à Lépante, sous les ordres de don Juan d'Autriche, il y avait des volontaires français, à qui la grandeur du but à atteindre faisait oublier les querelles de leur pays et de l'Espagne. L'un d'eux n'était autre que le brave Crillon, l'ami de Henri IV. (Plusie s de ses descendants ont servi avec honneur dans l'arm espagnole, sous le règne des Bourbons.)

bâtiments étaient endommagés; il y avait de nombreux blessés; elle ne put pas donner la chasse aux Turcs. Don Juan d'Autriche, qui aurait bien voulu s'emparer de Lépante et hiverner à Corfou, se vit obligé de revenir à Messine.

La bataille n'eut d'ailleurs pas les résultats qu'on en attendait.

Au mois d'août 1572, les alliés se réunirent à Corfou pour tenter une nouvelle expédition, mais il régnait entre eux des différences d'intérêts dont les Turcs profitèrent habilement. Don Juan proposait d'attaquer Modon; les Vénitiens voulaient Navarin; leur plan prévalut; l'entreprise échoua; les Turcs purent se borner à une prudente défensive.

Pendant l'hiver de 1572, la situation des alliés changea. Venise conclut avec le Turc une paix séparée. En fait la Sainte Ligue se trouva dissoute.

L'Espagne se décida alors à agir seule.

Deux plans étaient en discussion : ou bien s'emparer d'Alger, dont le nom rappelait d'effrayants insuccès; ou bien s'emparer de Tunis. Ce dernier, proposé par don Juan, fut adopté.

Philippe II ignorait les desseins secrets de son frère : don Juan convoitait la souveraineté de la régence de Tunis, que lui aurait conférée le pape.

L'expédition eut lieu en octobre 1573. Elle fut couronnée de succès. Mais au lieu de démanteler la ville, comme son frère le voulait, don Juan construisit d'autres forts, puis s'en alla en

Italie chercher l'investiture papale, pour ce royaume qu'il croyait définitivement conquis.

Or les Turcs s'étaient ressaisis.

Tandis que don Juan se voyait obligé de se rendre dans le nord de l'Italie, pour quelques désordres qui avaient éclaté à Gênes, ils attaquèrent, en octobre 1574, La Goulette et les forts construits par l'amiral espagnol. Les secours envoyés furent anéantis par une tempête. La garnison capitula. Cette perte de La Goulette, où le drapeau de l'Espagne flottait depuis quarante ans, fut un désastre moral aussi grand que le désastre matériel. Don Juan, très mortifié par cet échec, qui justifiait le plan de Philippe II et brisait ses espérances d'un trône, se retira à Naples.

C'est ainsi, par la trahison d'un fils de Charles-Quint, qu'échoua le plus gros effort des Espagnols pour conquérir le nord de l'Afrique, — *sur lequel ils n'ont jamais dominé.*

La Méditerranée demeurait redoutable, et, quatre ans après Lépante, en septembre 1575, une galère, qui longeait prudemment les côtes d'Italie et de Provence, fut attaquée par les Turcs aux environs de Marseille. Elle portait l'un des plus purs héros de la fameuse et inutile victoire navale, un homme qui allait subir cinq années d'esclavage à Alger et puis, misérable dans sa patrie, écrire un jour le *Don Quichotte,* l'un des chefs-d'œuvre les plus étonnants de la littérature universelle.

Il serait fastidieux de récapituler tous les menus faits de la lutte intermittente, éparpillée, non seulement de l'Espagne, mais encore de l'Angleterre et de la France pour abattre les Barbaresques (1).

Quel en fut le résultat?

Au commencement du XIXe siècle, les hardis pirates d'Alger continuaient d'écumer la Méditerranée, de razzier les côtes de l'Espagne, les côtes de l'Italie, et, quelquefois, celles de la Provence.

Les Espagnols, ils l'oublient vraiment un peu trop, n'avaient pas accompli le programme tracé, trois siècles auparavant, par Isabelle la Catholique, ce programme qui eût ajouté, à tout leur intérêt personnel, le poids des services rendus à l'Europe.

Ils pourraient dire :

A nous, du moins, l'honneur de l'avoir entrepris.

A cela seul se borne leur mérite.

La sécurité des côtes espagnoles, — ce qu'aucun historien, ce qu'aucun publiciste français n'a cru devoir rappeler, alors que la presse de

(1) Mentionnons seulement la reprise de Djerba par les Turcs en 1577, désastre analogue à celui de La Goulette; les inutiles expéditions ordonnées par Louis XIV en 1661, 1665, 1682 et 1688; la perte d'Oran par les Espagnols en 1708; sa reprise par Philippe V en 1732; sa perte définitive en 1792; une attaque tout à fait malheureuse d'Alger par les Espagnols en 1775, et les bombardements sans résultats utiles qu'ils firent subir à la ville en 1783 et en 1784; enfin, les vaines tentatives des Anglais, également contre Alger, en 1622, 1655, 1672 — et 1816.

Madrid, avec tant de volupté, nous vilipendait au nom de prétendus droits séculaires, — cette sécurité, mais elle a été créée par les Français.

C'est la prise d'Alger qui a fait que, depuis 1830 jusqu'à l'apparition de la guerre sous-marine allemande, la Méditerranée a été libre des embûches humaines. C'est grâce à elle que, pendant plus de quatre-vingts ans, les habitants du *Levant* (1) n'ont pas connu d'autres dangers que ceux de la tempête.

De cet événement essentiel, la France n'a point tiré assez de vanité, peut-être à cause de la révolution de 1830; la branche cadette des Bourbons ne tenait pas plus à exalter les actes de la branche aînée que la Restauration ceux du premier Empire. Tant il est vrai que la politique obnubile souvent l'esprit de l'homme.

Qu'importe? Les faits demeurent, et, sinon pour les individus, dont la vie est si fugitive, du moins pour les peuples, la raison finit toujours par avoir raison.

La prise d'Alger est un très grand titre historique.

De la part des Espagnols, à la mémoire implacable sur tant d'autres points plus anciens, oublier le bienfait qu'il représente n'est pas équitable. De la part des Français, n'en avoir point mis en lumière avec insistance toutes les

(1) C'est le nom que les Espagnols donnent aux côtes orientales de la Péninsule.

conséquences légitimes a été, pour reprendre une parole célèbre, plus qu'un crime : une faute.

Il convient de la réparer, de peser sur l'impuissance générale de l'Europe, — sur l'impuissance particulière de l'Espagne, — à réprimer les actes des Barbaresques, jusqu'au jour où la France, que l'Espagne a refusé d'aider, a entrepris cette glorieuse expédition d'Alger. Il faut le répéter jusqu'à ce que les cerveaux espagnols l'enregistrent.

N'auraient-ils point dû, spontanément, tous les riverains de la Méditerranée occidentale, reconnaître avec enthousiasme le grand service à eux rendu par notre pays?

Peuvent-ils raisonnablement, les Espagnols, s'en prendre à d'autres qu'à leurs aïeux, si les vues géniales d'Isabelle la Catholique n'ont pas été suivies par ses successeurs (1)? Si l'ambition et la duplicité ont tourné la tête d'un don Juan d'Autriche? Si même elle est née trop tard, cette *Sociedad de Africanistas* qui s'est tant agitée, après l'occupation de la Tunisie, pour « arracher le Maroc aux convoitises de la France », mais sans parvenir à galvaniser un pays qu'intéressaient seulement alors, suivant les camps, l'alliance avec Berlin et la révolution?

(1) Le 3 juin 1904, le député Nocedal s'écriait à la tribune de la Chambre : « Il serait très triste que les gouvernements libéraux qui, au XIXe siècle, ont perdu les colonies, perdent, au commencement du XXe, notre pouvoir et notre droit en Afrique, laissant ainsi pour toujours inexécuté le testament d'Isabelle la Catholique! »

L'alliance n'eut point lieu, ni la révolution, mais les convoitises de la France sont demeurées un article de foi, sur lequel s'appuient des indignations véhémentes.

Dans cette question du Maroc, il n'y a d'ailleurs pas que des faits; il y a du sentiment.

Il éclate du nord au sud, de l'est à l'ouest de la Péninsule.

Que ce soit dans les Provinces Basques, ou bien dans l'Andalousie, si un édifice frappe vos regards par sa forme, par sa masse, par l'épaisseur de ses murs, par un caractère quelconque, et si vous interrogez quelqu'un à son sujet, la réponse est uniforme : — *Eso es de los moros!* — Cela vient des Maures.

A Valence, vous assistez à une séance de l'archaïque et admirable Tribunal des Eaux; vous demandez qui l'a institué; l'on vous dit, sans hésiter : — *Los moros!* —

Les Maures ont tout fait, ont laissé partout leur empreinte. Comme ils étaient grands! Et quelle devait être la taille des Espagnols, qui les ont vaincus, qui les ont chassés!

Où les Maures vivaient, où ils avaient vécu, seuls les Espagnols étaient dignes de vivre. Les Maures dans le nord de l'Afrique, c'était le nord de l'Afrique pour l'Espagne. Le répit dans la poursuite pouvait être plus ou moins long : quelques années, quelques décades ou quelques siècles. Le chiffre n'avait aucune importance. En attendant, l'on rêvait.

L'on rêvait, et l'on ne voyait pas le Maroc seulement à travers ce passé lointain, mais encore à travers la journée des Castillejos, à travers l'impétueuse valeur de ce Prim qu'ont chanté tous les félibres catalans et qu'immortalise, dans notre Louvre, le chef-d'œuvre de Henri Regnault (1).

Le Maroc : terre uniquement destinée à faire jaillir sans fin l'éblouissant éclat de la gloire espagnole !...

Il est bien entendu que, si nous essayons de détruire des erreurs historiques, nous ne combattrons pas ce sentiment populaire, qui nous paraît très respectable en sa naïveté même.

Mais a-t-il été réellement habile, de la part de certains politiques espagnols, de l'exalter, de se créer une popularité facile par l'évocation d'un avenir qu'ils savaient irréalisable ?

Dans l'occupation de la Tunisie, ils trouvaient un tremplin.

« La reconquête, disait l'un d'eux, est une nécessité; car celle du sol espagnol ne s'est pas achevée aux monts de Grenade, ni à l'exarchat de Malaga, ni dans les rudes Alpujarras; car l'Espagne Tingitane nous appelle à soi avec la même force, avec le même attrait

---

(1) Ce portrait fut exécuté en 1868. Prim accorda malaisément à Henri Regnault deux heures de pose. Pendant ce temps, il ne cessait de s'agiter, d'aller et de venir, conversant avec d'autres généraux, avec des hommes politiques. Mais la difficulté stimulait l'artiste. Au bout de deux heures, il montrait à Prim l'esquisse géniale, qu'il devait achever loin du modèle. Celui-ci laissa tomber sèchement ces seuls mots : « J'ai l'air d'un homme qui ne se lave pas la figure ! »

providentiel qu'il y a tant de siècles l'Espagne européenne appelait nos aïeux des montagnes des Asturies et des vallées du royaume de Sobrarbe... L'Espagne devrait atteindre aujourd'hui à l'océan de sable du désert, et la croix, plantée comme un signe de notre droit sur ces frontières sans végétation, dirait qu'au delà de son ombre rédemptrice, l'on n'aperçoit que mort, sécheresse et ruine (1). »

Ces lettrés, que notre installation au Maroc devait enflammer de frénésie, l'on serait tenté de s'enquérir s'ils ont jamais interrogé les faits, pesé les actes, procédé avec scrupule à un examen de conscience.

Lorsque, son drapeau insulté, l'Espagne eut déclaré la guerre au Maroc, le 22 octobre 1859, qu'a donc fait la France?

A-t-elle jeté les hauts cris?

A-t-elle, par l'organe de ses journaux, prodigué les grands mots accusateurs?

A-t-elle rappelé que, depuis Louis XIV (2) jusqu'au début du XIXe siècle, elle avait exercé sur le Maroc une véritable suprématie? Que, même après Trafalgar et les intrigues anglaises,

---

(1) José de Carvajal, *España y Marruecos*. Madrid, 1884 (page 10).

(2) A qui Mouley Ismaïl, le grand sultan, avait, comme l'on sait, envoyé Ben-Aïssa demander la main de la princesse de Conti. La réponse fut, en 1682, l'année même où Duquesne bombardait Alger, la féconde mission confiée au baron de Saint-Amand.

En 1691 (?), Mouley Ismaïl envoya aussi une ambassade à Charles II d'Espagne. Mais il n'apparaît pas que ce fût dans un but politique. L'ambassadeur marocain a laissé de son voyage une relation très curieuse. La Bibliothèque Nationale de Madrid en possède une copie. (Manuscrits arabes G g. 192.)

le 6 septembre 1807, à Saint-Cloud, Hadj Driss Errâni, au nom de Mouley Soliman, décernait à Napoléon le titre de *Sultan des Sultans?* Que l'appui donné plus tard par le Maroc à Abd-el-Kader avait abouti à la bataille de l'Isly, laquelle n'avait pas précisément affaibli le prestige et la situation des Français? Que ceux-ci étaient donc, en somme, les seuls, — même sans parler plus d'Alger et de la Méditerranée pacifiée, — à pouvoir prétendre à une action dans ce pays?

Pas du tout. Et la presse parisienne n'a pas songé un instant à outrager l'Espagne.

Tout simplement, la France, oubliant que les Espagnols avaient refusé de l'accompagner à Alger, — et ne soupçonnant pas, pour beaucoup de raisons, comment ils la récompenseraient un jour au Mexique, — la France, obligeante, a prêté à l'Espagne un puissant matériel de guerre. Une escadre française a bombardé les forts de Tétouan. Oui, la France du second Empire, qui ne gardait pas rancune à sa vaillante voisine des défaites infligées au premier, la France, loyalement, sans arrière-pensée, a collaboré alors à donner le Maroc à l'Espagne. Cette dernière obtint du moins, par le traité de l'Ouad Ras (26 avril 1860), quelques satisfactions importantes et une indemnité de cent millions.

C'étaient des fruits relativement médiocres, si l'on considère les grandes visées du départ; mais est-ce donc la France qui arrêta brusquement O'Donnell et Prim sur la route de Tétouan à Tanger? Pouvait-elle faire plus qu'elle n'a fait en faveur de l'Espagne? Celle-ci était-elle en mesure de pousser au delà?

En ce début du XXe siècle, enfin, l'Espagne et la France étaient-elles seules autour du tapis vert? Et pourquoi ne s'y trouvaient-elles point seules? Nos voisins auraient-ils oublié les négociations du gouvernement français avec les libéraux, en 1902? Auraient-ils oublié l'épouvante des conservateurs, arrivés ensuite au pouvoir, devant les complications possibles, malgré le ferme appui diplomatique offert par la France, — épouvante qui, rétrospectivement, durait encore après l'accord franco-anglais (1), et qui faisait déclarer par M. Maura à la Chambre, le 9 juin 1904 : « *Si j'avais mis mon nom au bas du Traité projeté, jamais plus je n'aurais pu connaître le sommeil dans le reste de ma vie* »?

Avant de vilipender les Français au sujet du Maroc, que les Espagnols cultivés relisent et qu'ils méditent, dans l'ample trésor des pièces admirées de leur théâtre, celle de Lope qui a pour titre : *Le Chien du jardinier...*

(1) La Déclaration franco-anglaise est du 8 avril 1904.

DEUXIÈME PARTIE

CAUSES ACTUELLES
DE
MALENTENDUS

I

LE COMMIS-VOYAGEUR ALLEMAND

De l'influence d'un grand rêve. — L'Espagne, terrain propice à la propagande germanique. — La France proche et l'Allemagne lointaine. — Le commis voyageur allemand. — Son polymorphisme et son organisation. — Du danger qu'il présente pour la Péninsule.

Au XIIIe siècle, Alphonse le Savant convoitait déjà d'être empereur d'Allemagne. Au XVIe siècle, Charles de Gand l'a été. Qu'importe l'aube rouge de son règne? Qu'importe que l'Espagne ait payé de sa liberté, de sa prospérité, de tous les espoirs légitimes qu'elle pouvait nourrir d'un avenir prestigieux la gloire d'avoir fait partie d'un empire où le soleil ne se couchait jamais?

Une part du grand rêve est toujours vivante.

L'Espagne, à travers le double prisme de l'amour-propre et du passé, ne se voit point telle qu'elle était, c'est-à-dire une colonie de l'Allemagne. Sincèrement, elle croit avoir dominé ce pays et, par lui, l'Europe et le monde.

Comme les tronçons du serpent, dans la pièce célèbre, elle a souvent aspiré à se réunir à Berlin : Prim offrant le trône à un Hohenzollern; Alphonse XII sur le point de s'allier, en 1883, à Guillaume Ier; les germanophiles de la *Nacion* et de quelques autres organes prônant l'alliance avec Guillaume II et l'attaque de la France; toutes manifestations d'un même état d'esprit aux racines lointaines (1).

L'Espagne présente donc, par la fatalité de son histoire, un terrain favorable aux agissements de nos ennemis. Outre la Tunisie et le Maroc, des circonstances multiples ont accentué ce caractère à la fin du XIXe siècle et au commencement du XXe.

Nos désastres de 1870, la volonté absolue de paix manifestée depuis par nos gouvernements, les menaces et les rodomontades continuelles de Berlin ont fait naître au cœur des militaires espagnols une admiration presque idolâtrique pour l'armée allemande. Avant la bataille de la Marne, les généraux péninsulaires considé-

(1) Peut-être l'Espagne a-t-elle dépassé, à un moment donné, les simples velléités. Reproduisons, sans les commenter, ces très graves paroles prononcées à la Chambre par M. le comte de Romanones, au cours du débat sur le Maroc, le 7 juin 1904 :

« Le Gouvernement sait bien à quoi s'en tenir; mais il se retranche derrière la réserve diplomatique, laquelle a attiré les plus grands maux sur l'Espagne.

« C'est ainsi qu'il a pu se faire que l'Espagne ait été, pendant cinq ans, engagée dans la Triple Alliance — *haya estado comprometida durante cinco años en la Triple Alianza* — sans que personne l'ait su, sans que plus de deux ou trois personnes à peine fussent dans le secret. »

raient qu'aux troupes du Kaiser les nôtres n'offriraient pas plus de résistance qu'un château de cartes (1).

Comment, parmi les civils instruits, beaucoup n'eussent-ils pas éprouvé des sentiments analogues?

Ceux qui avaient étudié en Allemagne, dans les Universités, — ils étaient nombreux, surtout en Catalogne, — en rapportaient un véritable enthousiasme pour ce pays, pour ses maîtres, pour sa science. Et ce sentiment exagéré, qui leur naissait à Halle ou à Gœttingen, c'est en France même que d'autres le venaient chercher, dans une Sorbonne déplorablement imbue de méthodes allemandes, où l'on ne leur parlait que de philosophes allemands, que de philologues allemands, que d'historiens allemands, que de chimistes allemands. Tandis que les *Herren Professoren*, de propos délibéré, faisaient un silence absolu sur la science française, notre haut enseignement, généreusement aveugle, ne savait comment exalter la science d'outre-Rhin. Parmi les propagandistes le plus involontaires, mais aussi le plus actifs du *Deutschland über alles*, les maîtres français figurent en très bonne place...

Ce ne fut point faute d'avertissements.

(1) Dans son ensemble, l'armée est franchement germanophile. Il suffit de lire, pour s'en convaincre, la *Correspondencia Militar*, organe aux attaches connues et l'un des plus francophobes. *El Ejército Español* est assez édifiant aussi.

Le 10 mars 1892, sur les Universités, Challemel-Lacour prononçait au Sénat un discours où la clairvoyance alliée à la plus admirable éloquence battait victorieusement en brèche les « rêveries » des auteurs du projet, rêveries inspirées par la Sorbonne. L'esprit de finesse, marque de l'intelligence française, l'emporta, ce jour-là, sur l'esprit germanique.

En 1899, alors que la Sorbonne refusait des thèses où ne se marquait pas assez de respect pour les méthodes allemandes — car certains maîtres ont poussé à ce point la superstition de la science d'outre-Rhin, — un étranger ami de la France, M. Guilland, professeur d'histoire à l'Ecole polytechnique suisse, nous jetait un avertissement tragique dans le volume intitulé : *L'Allemagne et ses historiens*. Il y disséquait, en quelque sorte, l'enseignement de nos ennemis. Il nous disait tout ce qu'il y avait de faux, de frelaté, d'impuissance aux idées générales, mais aussi de gallophobie intense, dans ces ouvrages proposés à l'admiration des élèves de nos Facultés. Il dévoilait le but pratique des historiens, qui avaient préparé l'agression de 1870 et qui, de nouveau, exaltant les esprits avec une partialité méthodique et passionnée, montaient contre la France une formidable machine de guerre.

Que d'autres nous pourrions citer, qu'on n'a pas assez lus, Tissot, par exemple!

Mais, avant eux tous, un Allemand n'avait-il pas pris la peine de mettre à nu, pour notre édification, l'âme de ses compatriotes? *De l'Allemagne,* paru en 1855, n'aurait-il pas dû être, ne devrait-il pas demeurer le livre de chevet de tous nos hommes politiques? Où trouver un conseiller meilleur que Henri Heine, dans les heures d'hésitation (1)?...

Un des grands piliers de l'influence allemande en Espagne, ce sont les moines.

Ces hommes oublient moins que personne les événements de 1808. Le même zèle dont parlait le lieutenant Rocca les anime et les dresse contre la France, — contre la patrie de la Révolution et de Napoléon. Dans la séparation de l'Eglise et de l'Etat, dans l'expulsion des congrégations, ils croient voir revivre les idées de Joseph Ier. Ils souhaitent la défaite de la France, parce que derrière son triomphe il leur semble apercevoir celui de ces mêmes idées, c'est-à-dire, pour eux, une nouvelle dissolution des ordres, de nouvelles confiscations. Ce n'est pas le service du ciel, c'est l'appréhension toute terrestre et bien injustifiée d'un 1808 nouveau qui dicte leur conduite.

(1) Qu'il soit permis au modeste signataire de ces lignes de dire qu'il n'est pas obligé de chanter la palinodie. Il y a plus de trente ans qu'il publiait son premier article sur la pénétration pacifique des Allemands en France. D'autre part, le 31 mai 1907, dans une conférence faite en Sorbonne, sous les auspices de la Société des Langues Etrangères, il exposait la vieille origine française des méthodes allemandes pour l'enseignement des langues, et le ridicule de notre amnésique Université à adopter comme nouvelles ces méthodes qu'elle avait cru devoir abandonner jadis.

Sous Napoléon Ier, ils se tendaient vers l'Angleterre. Aujourd'hui, malgré le cantique de Barcelone, ce n'est point Dieu, mais le Kaiser, qu'ils supplient d'éloigner le calice.

Aussi n'est-ce pas auprès des grands représentants du clergé espagnol que leur presse va puiser ses inspirations, mais dans les bureaux du *Correo Español,* moniteur officiel du carlisme outrancier et de l'ambassadeur d'Allemagne. C'est le *Correo* qui donne le mot d'ordre — probablement doré — aux organes bien pensants. Mgr Baudrillart en sait quelque chose, que sa qualité n'a pas préservé de leurs attaques furieuses. Oser parler en faveur de la France, lui, un membre de l'Eglise de France, c'est-à-dire saper le fondement de la propagande contraire, si fructueuse! Nous avons quelque tendance à croire qu'après tel article de *El Debate,* l'éminent recteur de l'Institut Catholique n'aura pu s'empêcher de se demander: tant de fiel entre-t-il dans l'âme d'un dévot... d'outre-monts?

Cette influence directe du *Correo* et du prince Ratibor, voilà qui explique l'attitude singulière de ces catholiques singuliers à l'égard des protestants d'Allemagne et de la Belgique infortunée.

Au surplus, leurs prédécesseurs, ils l'oublient peut-être, abominaient un pays qu'exaltait déjà le *Génie du Christianisme,* un pays où la foi allait inspirer des hommes comme Lamartine,

Lacordaire, Montalembert. Que savent-ils eux-mêmes de la France de demain, ni même de la France d'aujourd'hui? M. Clemenceau en personne n'écrivait-il pas, l'été dernier, qu'il faudrait revenir, après la guerre, sur les lois religieuses où ces disciples d'Escobar affectent de puiser leur haine contre nous (1)?

Mais toutes ces questions sont de politique intérieure. Elles ne regardent que la France. Les Espagnols trouveraient sans nul doute mauvais que des étrangers leur contestassent le droit d'arranger leur maison à leur guise. Les Français, eux, n'auraient-ils pas la liberté absolue de s'organiser suivant leurs inspirations ou bonnes ou mauvaises? Devraient-ils des comptes à leurs voisins ailleurs que sur les relations internationales?...

Une des circonstances essentielles qui font que tant d'Espagnols ont un réel penchant pour l'Allemagne, c'est que ce pays est loin d'eux. Entre nations voisines, comme entre individus, les frottements se multiplient, et d'autant plus qu'elles ont plus de liens de parenté.

Sans doute, les Espagnols germanophiles, oubliant des expériences assez rudes (2) et des

(1) Sans parler de faits plus anciens, les moines espagnols oublient les longs débats de la *Ley del Candado*, en 1910, et l'appui que prêta alors au Gouvernement l'évêque de Madrid...

(2) Par exemple, celle de 1885, année où les Allemands cherchèrent à spolier l'Espagne des Carolines. Comme ils n'avaient pas renoncé à l'espoir de l'alliance manquée en 1883, ils finirent par accepter l'arbitrage du pape Léon XIII.

menaces transparentes (1), ont-ils l'illusion de penser que de tels frottements seraient impossibles avec ces bons Germains, dont ils ne connaissent guère que les commis voyageurs à l'éternel sourire, — sans compter quelques torpillages (2), l'imposition aux navires espagnols du sauf-conduit allemand et du contrôle allemand rémunéré dans les ports de la Péninsule, divers scandales comme celui des internés de Pampelune, ou autres peccadilles du même genre, jugées toutes, par nos voisins, parfaitement vénielles.

Mais quoi! N'hésitons pas à reconnaître que le commis voyageur allemand est, le plus souvent, un homme intelligent et habile. Nulle part, plus et mieux qu'en Espagne, il n'a utilisé la force que lui donne, non seulement une absence complète de susceptibilité, mais encore une grande connaissance de la langue, des gens et des lieux, n'en déplaise aux endormeurs et à ceux qui parlent de ce qu'ils ignorent.

Voilà quelque douze ans, nous signalions déjà ce triple avantage des commis voyageurs allemands envoyés dans la Péninsule, et nous dû-

(1) « La colonisation allemande du sud de la France nous ouvrira un chemin sur la presqu'île pyrénéenne, laquelle nous mettra en communication avec l'Amérique méridionale, ET DEVIENDRA AUSSI UN MEMBRE DU NOUVEL ÉTAT MONDIAL ». Josef Ludwig Reimer, *Ein pangermanisches Deutschland*. Berlin, 1906.

(2) On trouvera plus loin (page 151) la liste de ces attentats.

mes essuyer les protestations indignées des très doctes Pangloss français qui s'imaginent qu'il suffit de fermer les yeux pour supprimer la lumière. Eux qui nient, aujourd'hui, l'existence d'un parti germanophile en Espagne, ils protesteraient encore plus énergiquement si nous rééditions ce trop invraisemblable paradoxe : des Allemands parlant espagnol et utilisant, au mieux de leurs intérêts et des intérêts de leur pays, la connaissance de cette langue, — que possèdent si peu de Français. Aussi est-ce à un Espagnol, partisan, comme nous, du rapprochement sincère de l'Espagne et de la France, que, pour l'instruction de nos aveugles volontaires, nous emprunterons le passage suivant :

« Les voyageurs de commerce allemands qui parlent avec une grande correction le castillan — *hablando con gran coreccion el castellano* — pullulent à tel point en Espagne qu'on en est véritablement étonné. Mais voyager ne leur suffit pas : dans tous nos grands centres, ils établissent des magasins de détail et des maisons de gros, qui, surtout pour les machines, dominent la place, à cause de leurs nouveautés et de leur bon marché (1). »

Celui qui se contentait de faire de la représentation, il fallait le voir à l'œuvre, renvoyé quelquefois assez rudement. L'on n'avait besoin de rien; inutile de revenir. Il revenait, cependant. Les enfants lui avaient inspiré une sym-

(1) F. Gomez Redondo, *El comercio franco-español, causas de su decadencia y modos de fomentarle, estudio mercantil internacional.* Valladolid, 1911.

pathie profonde. Il demandait la permission de leur offrir un jouet. Ou bien il portait un bijou pour la femme. Assurément, c'était une démarche désintéressée. Il ne reparlait plus de marchandises, ni de possibles commandes. L'on assistait — l'on continue d'assister — au triomphe de la traditionnelle *Gemütlichkeit*, soigneusement dosée, de cette race beaucoup plus artificieuse que lourde. (Car barbarie, quoi qu'en pensent les spirituels reporters français, n'implique pas nécessairement balourdise!) Le visiteur était vraiment *gemütlich*, — pardon : *simpatico*. Quel homme aimable! Il devenait bientôt un ami. Pouvait-on, dès lors, s'adresser à un autre?

D'autant mieux que les procédés employés par les trop rares commis voyageurs français envoyés dans la Péninsule n'étaient pas tout à fait les mêmes. Et comment des esprits sans méfiance ne préféreraient-ils pas l'homme qui sourit et consent toujours à celui qui se montre peu complaisant ou, parfois, intraitable?

L'un doux, bénin et gracieux,
Et l'autre, turbulent et plein d'inquiétude...

L'Espagne n'a pas deviné, sous cette prodigalité de sourires, la volonté d'une pénétration — parlons clairement : d'une conquête pacifique; elle a ignoré que ces sourires constituent à la fois une servitude militaire et une tactique; elle n'a pas vu tout ce qu'il y a de lointains et de tortueux calculs dans les bas prix, dans les longs délais consentis, d'ailleurs à bon escient; elle a cru au désintéressement de ces visiteurs obligeants qui, au rebours des Français, lui achetaient peu et lui vendaient beaucoup; elle n'a pas aperçu, derrière eux, toutes les banques mobilisées, tout l'Etat aux aguets.

Ces sourires, ces amabilités excessives et sournoises, la Belgique les a connus avant l'Espagne.

Combien de Belges, parmi les meilleurs, discutaient gravement, à la veille de la guerre, sur le point de savoir s'il était bien nécessaire de se fortifier contre l'Allemagne!

Voilà au travers de quoi l'Espagne et tous les neutres doivent juger l'obligeance souriante de ces gens...

Quand nous parlons du commis voyageur allemand, il ne faudrait pas entendre qu'il est, sans plus, le représentant de commerce qui va soumettre des échantillons aux clients acquis ou éventuels de sa maison.

Le commis voyageur allemand est polymorphe.

Généralement instruit, sérieux, s'expliquant bien en espagnol, il peut être, non seulement l'envoyé d'une usine, d'une manufacture, d'un laboratoire quelconque, mais encore un savant, un ingénieur, un officier, — et toujours il joint à sa qualité propre celle de diplomate virtuel. Il est vraiment, avant tout, l'envoyé de sa nation.

C'est le commis-ambassadeur — prince Ratibor — qui dirige l'organisation générale, avec un zèle parfois indiscret, peut-être aussi parfois maladroit, mais extraordinairement actif et de tous les instants.

C'est le commis-consul qui consacre à l'organisation régionale une vigilance pareille : s'enquérant des besoins de la ville et de la province, des débouchés qu'elles offrent à l'exportation, de l'importance et de la solvabilité des maisons principales, il est surtout un agent commercial et le consulat une agence de renseignements toujours ouverte à tous les nationaux. Il documente, guide, recommande les voyageurs et les courtiers. Dès le temps de paix, il a rendu possible l'élan de la propagande allemande en temps de guerre.

C'est le commis-ingénieur qui a collaboré à l'établissement de la radiotélégraphie dite nationale et, en outre, conformément aux indications du commis-attaché militaire — colonel Kalle, — installé des postes clandestins, soit aux Baléares (dans l'ancien domaine du défunt archiduc autrichien Salvator), soit sur les navires internés, de façon à ravitailler les sous-marins de nouvelles et à leur donner le maximum d'aisance dans leurs allées et venues.

C'est le commis-officier qui, de 1914 à 1916, également aux ordres du colonel Kalle, organisait, à Saint-Sébastien ou à Barcelone, les cadres et la mobilisation de corps allemands éventuellement destinés à envahir le Midi de la France; aujourd'hui, aiguillé par le commis-attaché naval — M. von Krohn, — il parcourt en automobile les côtes espagnoles pour soudoyer des contrebandiers et assurer aux sous-marins le pétrole nécessaire (1).

C'est le commis-commerçant, fixé à Madrid, qui parut s'improviser directeur de revues, journaliste, pamphlétaire, comme ce Carlos Coppel, officiellement horloger, qui a mené contre la France, depuis le début des hostilités, des campagnes ardentes (2).

C'est le commis-éditeur qui a empoisonné l'enseignement primaire espagnol d'ouvrages germanophiles.

Car ils veulent s'emparer de l'esprit des jeunes Espagnols et par eux, absolument, de l'Espagne. Le Collège allemand, de Madrid, dont l'ambassade a la charge, a obtenu du gouvernement le droit étrange de délivrer des titres académiques valables dans la Péninsule. Après la guerre, chaque centre important subira un collège semblable.

Enseignement primaire; enseignement secondaire; ces commis pratiques ne vont pas

(1) Le capitaine de corvette von Krohn, autorisé à traverser notre territoire, est parti pour Berlin le 15 février 1918. Quel a été le véritable motif de son rappel? Comme l'ont imprimé certaines feuilles, l'excès de son action en faveur des sous-marins?... Un journal espagnol a parlé de cocaïne, de morphine, de troubles mentaux...

(2) Surtout dans la revue intitulée *Pour la Patrie et pour la Vérité*, — vérité sauce berlinoise.

Par parenthèse, les feuilles de propagande allemande, — *El Liberal* l'a signalé à plusieurs reprises, — jouiraient en Espagne de la franchise postale officielle.

plus loin; ils ne se perdent pas dans les nébuleuses...

Nous voulons du moins croire qu'il n'est pas un commis-général de division, ce M. Brandéis Gleichau, Allemand naturalisé Espagnol, c'est-à-dire, en vertu de la loi Delbrück, toujours Allemand bon teint, gouverneur de ces mêmes îles Baléares où se trouve la principale base des sous-marins allemands qui opèrent en Méditerranée (1)...

Combien de maisons ou de succursales ont été, depuis trois ans, établies en Espagne par les multiples et multiformes commis voyageurs allemands, mobilisés pour jeter, dans les fondations existantes, le fondement de l'après-guerre, et capter, d'une manière ouverte ou subreptice, toutes les sources de richesse!

Ces commis voyageurs sont l'une des œuvres-types du socialisme militariste d'Etat pratiqué outre-Rhin.

Esclaves d'un *perinde ac cadaver* qui n'admet aucune restriction, ayant perpétuellement la bouche souriante et l'échine courbée, ils ne sont

(1) Lieutenant de cavalerie en Allemagne, il quitta son pays après avoir souffleté son capitaine dans une dispute de jeu. Arrivé en Espagne au cours de la dernière guerre carliste, ne sachant trop de quel parti soutenir la querelle, il tira son avenir à pile ou face, fut bien servi par le hasard. En effet, il s'engagea, comme simple soldat, dans les troupes de la Constitution, qui devaient être victorieuses, reconquit ses galons, poursuivit sa carrière aux colonies, et, après les désastres de 1898, rentra en Espagne colonel. C'est lui qui fut chargé de porter à Guillaume II les insignes de colonel espagnol.

plus des hommes selon notre conception latine; ils sont des fourmis incessantes, qui peinent et qui fatiguent exclusivement pour la prospérité de la fourmilière, prêtes, dans leur action puissante, à épuiser l'univers pour le bien de la collectivité où s'abolit leur libre arbitre.

Plairait-il aux Espagnols, d'orgueil si chatouilleux, de figurer un jour parmi les pucerons humains chargés de les nourrir?...

II

PROPAGANDE FRANÇAISE

L'action allemande jugée par les amis de la France. — Que notre propagande est trop terne. — Nécessité de bien connaître le caractère espagnol. — Insuffisance des efforts isolés. — Inertie de nos représentants. — Timidité de nos commerçants. — Accueil fait aux initiatives. — Le rapprochement commercial et le rapprochement intellectuel. — Un essai de programme. — La prise de Constantinople.

Depuis les derniers mois de 1914, que de fois nous avons reçu d'amis dévoués, francophiles *a macha martillo,* comme ils disent là-bas, des lettres de ce genre :

« La propagande allemande chez nous est vraiment une chose admirable. Elle pénètre partout. Quelle organisation merveilleuse! Ne pouvez-vous pas, ou plutôt, ne voulez-vous donc pas contre-battre ces assauts continuels? Qu'attendez-vous pour vous apercevoir de l'habileté perfide de ces attaques et pour y répondre par des contre-attaques appropriées ? Nous, vos amis, nous faisons ici ce que nous pouvons, mais qui ne peut suffire à tout. Nous passons de vilains moments, qu'il ne tiendrait qu'à vous d'adoucir. »

La propagande allemande pénètre partout, voilà le fait matériel. Pourquoi?

Pour deux motifs.

Le premier, c'est que les Allemands ont acheté tous les journaux qui étaient à vendre, en ont créé d'autres, en font le service gratuit, multiplient les revues, les brochures, les tracts.

Le second, c'est qu'à la tête du *Service allemand d'informations pour l'Espagne*, installé à Barcelone, dans le quartier de Gracia, ils ont un directeur intelligent, actif, méthodique, un certain M. Hoffer, qui inonde quotidiennement l'Espagne de ces imprimés où les faits sont présentés à l'avantage des ennemis de la France.

Les Français ont-ils consenti les sacrifices nécessaires au rayonnement de leurs idées dans la Péninsule? Non. Des journaux leur ont fait inutilement des ouvertures. Nous avons entendu louer ces refus au nom d'une certaine morale pharisaïque. Personnellement, nous les déplorons sans fausse pudeur.

Les Français ont-ils mis autant d'art — oui : autant d'art! — autant de feu à répandre la vérité en Espagne que les Allemands à y propager la déformation de cette même vérité? Non. Toutes nos publications conservent la froideur qu'elles avaient au début et qui faisait M. Maurice Barrès les trouver mornes et grisâtres.

« *Il faudrait*, disait-il très justement, *mettre un peu de flamme, beaucoup de flamme dans cette propagande pour la France et pour la civilisation* (1). »

La flamme en est encore absente (2).

Le document, la vérité, c'est fort beau; mais la vérité n'exige pas d'être servie à la glace, et il ne faudrait pas exagérer le dogme de l'impassibilité.

Sans doute, l'historien doit être impassible quand se présente à lui une faute de sa patrie ou de son parti, lorsqu'il voit éclater le bon droit ou la gloire de l'ennemi ou de l'adversaire politique. Son premier devoir est alors de faire taire impérieusement ses préférences, de réprimer tous les frissons intérieurs, d'exposer sans détour le vrai. Mais il n'est pas écrit qu'il doive enregistrer avec la même indifférence l'acte héroïque et le forfait, le vice et la vertu, sans que le moindre frémissement se transmette de son âme à sa plume, lorsqu'il voit Caïn ressuscité qui tente, de nouveau, d'assassiner Abel!

Il ne serait plus alors un historien, mais une simple machine à écrire, d'autant plus mauvaise, si elle fonctionne pour l'Espagne, qu'il

(1) *Echo de Paris* du 11 février 1915.

(2) Ne le fût-elle pas qu'il nous manquerait encore, à Irun, l'équivalent du *Servicio aleman* de Barcelone. La Chambre de commerce de Paris, qui a fait, depuis le début, un sérieux effort de propagande (et qui publie, en plusieurs langues, depuis le 15 décembre 1914, un bulletin d'information intitulé : *Documents sur la guerre*), sait combien de ballots de brochures envoyés par elle, se heurtant à de fantastiques mauvais vouloirs à l'entrée en Espagne, ont été retournés, égarés ou détruits.

s'agit ici d'un pays où l'éloquence fleurit naturellement sur presque toutes les lèvres...

Il pourrait sembler que la première des conditions à réaliser, pour risquer de gagner la sympathie des Espagnols, serait de connaître leur caractère, de façon à ne pas le choquer involontairement. Trop souvent, les Français appelés à être en rapports avec eux ont l'air d'ignorer la mentalité de nos voisins.

L'Espagnol plaisante volontiers, mais avec gravité : c'est un humoriste.

Pour s'en rendre compte, il suffirait de parcourir les grandes œuvres littéraires de l'Espagne. Que l'on prenne Juan Ruiz, le remarquable satirique du moyen âge, ou Cervantes, ou tel auteur comique, tel romancier du XIXe siècle, et l'on sentira vite un certain cousinage avec l'esprit anglais.

Le Français aime à plaisanter, mais d'une façon différente. Il y a toujours en lui un peu de la légère et gouailleuse irrévérence de Voltaire.

Il n'est jamais plus heureux que quand il peut, soulignant sa moquerie d'un sourire ou même d'un éclat de rire, égratigner un ridicule, persifler un préjugé, se gausser de coutumes, de croyances, de superstitions, en somme, respectables, d'idées où il aurait parfois du bon à prendre. La plupart du temps, il n'a aucune intention blessante; pourtant, s'il s'adresse à des Espagnols, son trait porte, pénètre; il se fait à soi-même et il fait à la France un tort immense.

Nous avons parlé d'une vieille Aragonaise, témoin tragique de 1808. Une parole ne s'était pas effacée de sa mémoire, parole que répétaient nos joyeux soldats : — Nous autres, si nous mourons ici, nous ressusciterons à Paris! — Cette innocente plaisanterie avait suffi pour émouvoir ses sentiments religieux. Tous ces hommes étaient des diables...

Nulle part, mieux qu'en Espagne, l'on ne peut apprécier la valeur du silence. Savoir écouter est là-bas un élément de succès, une force, qu'il s'agisse d'un commerçant ou d'un propagandiste. Les hâbleries légendaires du commis voyageur français, dont il fait tout d'abord un simple usage professionnel, puis qui deviennent chez lui une seconde nature, ces hâbleries à la Gaudissart ne sont plus de mise, les montagnes franchies.

Certes, il y a une *guasa madrileña,* tout comme il y a une *blague parisienne,* mais tout est relatif, et la *guasa* est généralement considérée comme l'apanage de l'Andalousie.

Et puis Madrid n'est pas toute l'Espagne.

Madrid, c'est *la Villa y Corte,* la ville et la cour, — une ville de luxe et de plaisir, une des plus agréables qui soient par sa propreté, par sa nouveauté, par son mouvement, par le charme des relations mondaines. Qu'il y faisait bon vivre, avant la guerre! Capitale politique littéraire et artistique, centre universitaire, centre d'affaires, faiblement commerçante, pas beaucoup plus industrielle, elle est surtout le rendez-vous de la noblesse, des grandes fortunes, et de tous ceux qui veulent se donner les apparences de la fortune. Qui prétendrait y étudier le caractère espagnol, risquerait d'errer presque autant que les étrangers qui jugeaient la France sur le Paris des boulevards ou de Montmartre...

L'Espagnol aime à dénigrer son pays bien plus encore qu'un Français à dénigrer son gouvernement.

Cette tendance de son esprit à la médisance en quelque sorte nationale se marque de façon curieuse dans les proverbes et dans les dictons géographiques. Car tous n'ont pas pour but, loin de là, de louer une ville ou ses produits comme le fameux :

Quien no ha visto Sevilla,
no ha visto maravilla;

(qui n'a vu Séville, n'a point vu de merveille); ou son pendant :

Quien no ha visto Granada,
no ha visto nada,

(qui n'a vu Grenade, n'a rien vu).

Il n'est pas de province, de ville, peut-être même de village, qui ne reçoive traditionnellement de ses voisins, lesquels sont parfois des rivaux, une grêle de traits. Les prendre au sérieux conduirait à penser que l'Espagne n'est qu'un repaire.

Dans ces jeux, l'on s'abaisse au besoin soi-même, pour pouvoir abaisser davantage autrui. A Irura, charmant village guipuzcoan, voisin de Tolosa, nous avons entendu les jeunes filles chanter avec une belle conviction :

Las chicas de Irura
No valen un cuarto;
Las chicas de Tolosa
No valen tanto.

(Les filles d'Irura ne valent pas trois centimes; les filles de Tolosa ne valent pas autant.)

Le trait, quelquefois, est simplement amusant, tel ce *refran* du nègre qui s'écrie :

Quién fuera blanco, aunque fuera catalan! lan!

(Ah! puissé-je être blanc, même si je dois devenir catalan!)

En général, les termes sont très rudes, surtout quand il s'agit des femmes...

A Paris, l'on peut saisir au vol, parfois, ces paroles échappées d'une bouche naïve : « Ces choses-là, ça ne se voit qu'en France! »

En Espagne, l'expression est plus condensée, d'un usage courant, continu; elle est sur toutes les lèvres; elle semble résumer toutes les critiques, en donner comme la quintessence :

— *Cosas de España!* — Choses d'Espagne!

Rien ne saurait rendre l'amertume découragée de cette expression dans la bouche d'un transpyrénéen.

Mais cette amertume, mais le dénigrement géographique, sont loin d'atteindre au pessimisme de la jeune littérature. Des pages choisies du roman espagnol contemporain, du roman éclos dans ces vingt dernières années, où l'on ne donnerait que l'appréciation des auteurs sur l'état moral et social de la Péninsule, causeraient en France une véritable stupeur.

Sganarelle frappait Martine, et Martine protestait, mais elle n'admettait pas l'intervention de ce pauvre M. Robert.

Les Espagnols veulent bien critiquer leur pays, leur gouvernement, leur état social et eux-mêmes d'une façon acerbe, exagérée, injuste, mais, de la part d'un étranger, la moindre remarque les irrite.

Mal venu, donc, le Français qui s'avise de souscrire aux jugements sévères des intéressés et de donner ingénument dans la censure. Qu'il proteste, au contraire, et, s'il le peut, avec des ressources d'exclamation à l'italienne!

Le fond de l'âme espagnole, c'est la tristesse. Voilà pourquoi la plaisanterie espagnole, presque toujours spirituelle, peut avoir quelquefois, pour les Français, un arrière-goût âpre, comme cet émouvant Don Quichotte, qui vous fait rire tout d'abord, puis vous laisse le cœur très las et la pensée douloureuse.

Dans cette Espagne qu'une lumière dont notre soleil ne peut donner aucune idée semble baigner de joie, où la gaieté jaillit de la conversation, où le regard pétille, où le sourire des femmes est un éblouissement, il ne faut point creuser beaucoup pour retrouver, un peu partout, la mélancolie galicienne.

L'animation des villes peut causer quelque illusion, ou la vivacité de l'entretien, ou, parfois, la littérature. Mais l'Espagne se trahit dans la chanson populaire. Cet épanchement spontané des sentiments profonds est, très souvent, poignant et sombre.

Les visages au repos sont graves. Les yeux, si beaux, si lumineux, ont rarement la bluette moqueuse du regard français.

L'Espagnol, en général, est posé. Notre penchant au badinage le scandalise un peu. Il est heurté par cet enjouement léger qui dit le bonheur de vivre.

Le grand Calderon, — un prêtre, — n'a-t-il pas écrit :

Le plus grand crime de l'homme est sa naissance?

L'on nous objectera qu'il est des Français neurasthéniques et des Espagnols badins : assurément.

L'on ajoutera que, dans certaines régions comme les provinces basques, le ciel est plus souvent nébuleux qu'éclatant, car, sur le littoral cantabrique, au rebours de Murcie et d'Alicante, les jours de pluie sont loin de constituer une exception : nous en convenons bien volontiers; en effet, nous n'avons nullement la prétention, dans ces quelques notes rapides, d'épuiser aucun sujet, ni d'en mettre aucun en formules.

Si donc nous parlons de la probité espagnole, nous n'entendons pas ignorer qu'en Espagne comme en France il n'y a pas que des honnêtes gens. Nous avons des accapareurs. L'Espagne souffre du même mal. L'appât du gain, dans les deux pays, peut faire trébucher des consciences...

Ces réserves faites, disons que le sérieux foncier, un peu triste, du caractère espagnol, a son très beau côté : c'est la force de la parole donnée.

Le temps n'est pas éloigné où, dans les transactions commerciales, les paroles valaient des écritures, où régnait une bonne foi qui semblerait n'avoir pu exister réellement que dans l'Arcadie des poètes. Certains négociants conservent un souvenir ému de leur séjour en Espagne. Nous pourrions citer une foule de faits, de noms, de dates. Contentons-nous de deux anecdotes particulièrement significatives :

Un Français, établi à Valence, s'était rendu dans la province de Castellon pour acheter des cocons. Il va voir un éleveur qu'on lui indique. La marchandise est de premier choix. Volontiers il en ferait l'emplette, mais le lot est d'une importance très imprévue; la somme emportée est insuffisante; retourner à Valence, en revenir : des frais, du temps perdu; il enrage. L'Espagnol cherche à connaître la cause de son air pensif. M. B... élude la réponse. L'éleveur insiste : « Enfin, je vois bien que vous avez un ennui. Quelqu'un vous aurait-il manqué d'égards? Ce n'est point vaine curiosité. Voyons, parlez-moi franchement. » M. B... finit par avouer le motif de son embarras. « Ce n'est que cela! Il fallait donc le dire! Vous allez emporter tous ces cocons. Lorsque j'aurai l'occasion de passer par Valence, vous réglerez le compte. » Et il ne voulut pas accepter un centime, mettant au contraire son coffre-fort à la disposition de son client pour le cas où ce dernier, avant de partir, trouverait à réaliser d'autres achats. « Enfin, vous ne me connaissez pas », protestait M. B... « Vous avez la figure d'un homme de bien, cela me suffit. »

V. tiene cara de hombre de bien. Et c'est par ces mots : *gente de bien,* gens de bien, que l'on répond au : Qui est là? pour entrer dans une maison.

Malheureusement pour la facilité des relations commerciales franco-espagnoles, là-bas ne sont pas allés que des gens de bien...

Mais voici l'autre fait :

A Bilbao, un commerçant, un Français également, se présente chez un banquier pour escompter des factures. — Combien me prendrez-vous? — 3 0/0. — 3 0/0! Ce n'est pas sérieux. Elles sont payables dans quinze jours. — Soit. Mais nous ne les toucherons peut-être que dans trois mois, quatre mois, six mois... — Comment cela? — Ici, nous ne faisons pas présenter les factures. Nous les envoyons par la poste, en disant : « Quand vous serez en mesure » ou : « Quand vous aurez l'occasion de passer ». Le paiement est assuré. Seulement, il faut bien que nous ayons l'intérêt de notre argent.

Les Allemands, qui consentaient sans hésiter les plus longs délais de paiement, connaissaient la Péninsule.

Oui, le hasard fait parfois mal les choses. Sans avoir affaire à un parfait malhonnête homme, l'on peut tomber sur une défaillance de la mémoire ou de la volonté. La plupart du temps, si l'on a réellement pour soi le bon droit, il suffira d'en appeler au sentiment de l'honneur, et le différend sera réglé d'une manière satisfaisante.

L'honneur!

Toujours, à ce grand mot, vibre une âme espagnole...

L'un des grands griefs actuels de nos voisins contre nous, c'est que le Français serait abusivement persuadé de son importance dans le monde et traiterait un peu trop l'Espagne en parente pauvre et frivole. Les Espagnols en ressentent une irritation extrême, continue. Assurément, ils jugent un peu trop la France sur quelques écervelés. L'orgueil français, comme la vanité espagnole, se marquent surtout chez les *minus habentes* des deux peuples.

Néanmoins, trop de Français, confiants dans des relations romanesques autant que romantiques, apprécient imparfaitement l'Espagne.

Certes, toutes les provinces n'en sont pas des ruches, comme l'industrielle, industrieuse et turbulente Catalogne. La vie, dans certaines régions, présente un caractère nonchalant dû à l'empreinte laissée par les Arabes, au climat, à la facilité de vivre, qu'augmentent encore des exigences médiocres et la sobriété. En effet, malgré les dictons nationaux, lesquels attribuent une belle intempérance à presque tous les points de la Péninsule, la modération dans l'usage des boissons est généralement très grande et, sauf dans la bourgeoisie *cursi*, que crucifie la rage de paraître, les besoins sont minimes. Par une conséquence naturelle, notre lendemain du Gascon est peu de chose auprès du lendemain de l'Espagnol (1).

Si, pourtant, nous abandonnons la Catalogne pour faire le tour du royaume, que verrons-nous? Un opulent collier de villes actives, de terroirs fertiles, de vivantes industries.

C'est la vieille et très intéressante Tarragone, centre d'exportation, et sa province adonnée à

---

(1) On peut lire, à ce sujet, dans les *Articulos de costumbres* de Mariano José de Larra, un des écrivains espagnols le plus spirituellement satiriques du XIXe siècle, qui employait le pseudonyme de *Figaro*, le *Vuelva V. mañana* (repassez demain), d'une observation si aiguë.

la fois à l'industrie et à l'agriculture; Castellon, dont les champs féconds annoncent Valence, la ville bénie, et son incomparable *Huerta*, qui, par sa fertilité paradoxale, efface notre Normandie; dans ce *Jardin potager* de dix mille hectares, où l'irrigation et la fumure sont merveilleusement organisées, la terre semble inépuisable.

Mais voici la blanche Alicante, au climat enchanteur, par lequel les habitants ne se laissent pas endormir, car le port est l'un des plus commerçants de la Méditerranée; Murcie, ville florissante, dont la *Huerta* s'enorgueillit d'une végétation splendide; Almeria, industrielle et agricole, comme Tarragone et comme Alicante ; Grenade, la belle musulmane, et sa *Vega* renommée.

A quoi bon insister sur Malaga, Cadix, Xérès, Huelva, capitale du cuivre, avec les mines du Rio Tinto et de Tharsis, les plus riches du monde; Pontevedra, au milieu de la *Suisse espagnole;* La Corogne; Gijon et ses fonderies; Santander, au commerce prospère; Bilbao, qui exporte des millions de tonnes de minerai de fer et dont les hauts fourneaux, où peine incessamment un monde d'ouvriers, excitent l'admiration par leur puissance?

La Manche, ce morceau d'Afrique immortalisé par Cervantes et où, volontiers, on va chercher le secret de l'âme espagnole, la Manche n'est pas toute l'Espagne.

Dans les provinces de l'intérieur elles-mêmes, que de parties fertiles! Combien de riches gisements!

D'autre part, des travaux de communication et d'irrigation comme le canal d'Aragon et de Catalogne, le canal du Douro, le canal de l'Ebre, d'autres encore feraient honneur à n'importe quel peuple (1).

Si nous considérons la capitale, nous aurons à constater que, depuis une soixantaine d'années, Madrid ne cesse pas de se modifier de la façon la plus heureuse. Ceux qui l'avaient connue auparavant et qui, jadis, nous en parlaient, la comparaient volontiers aux écuries d'Augias. Mais, en 1860, la canalisation du Lozoya était un fait accompli; Madrid avait de l'eau, une eau abondante, excellente; les écuries allaient être vigoureusement nettoyées.

Les travaux d'assainissement et d'embellissement exécutés ou en cours dans cette ville sont très remarquables. La création du magnifique Parc de l'Ouest, en dépit des difficultés naturelles, mérite une louange sans réserve.

Il est vrai que l'édilité ne recule pas, à l'occasion, devant la manière forte. Nous avons assisté, par un matin d'automne, à l'expulsion en masse des habitants du pittoresque *barrio de las*

(1) Cependant, notre canal latéral au Rhône (de Marseille à la frontière suisse, par Lyon) et notre canal latéral à la Loire (de Nantes à Bâle) restent toujours à l'état de projets.

Injurias, ce quartier Maubert de Madrid, où l'on ne pouvait guère passer sans être injurié, ce qui lui avait valu son nom. Il y eut là des scènes déchirantes. Nous avions beau songer à la qualité des expulsés, aux profits assurés de l'hygiène et de l'esthétique, nous ne parvenions pas à rester impassible.

Actuellement, les chantiers du Métropolitain en construction fournissent à la presse madrilène des couplets analogues à ceux de nos journaux en pareille circonstance...

L'Espagne n'est pas seulement un musée. C'est une terre active, une terre vivante.

Sauf l'Andalou, qui vit au jour le jour, et qui, pour être heureux, ne réclame qu'un peu de pluie, l'Espagnol, naturellement amoureux de *farniente,* ne boude cependant pas au travail. Du moins l'ouvrier industriel, l'ouvrier agricole, l'employé. Les fonctionnaires peuvent sembler léthargiques. Mais est-ce bien particulier à la Péninsule?

Même dans les régions qu'un examen superficiel pourraient faire croire engourdies, existent des trésors d'énergie latente.

Qu'il nous suffise de quelques témoignages; — l'un historique : en août 1885, lors de l'affaire des Carolines, le beau mouvement national contre l'Allemagne, dont l'Espagne, deux ans plus tôt, avait failli devenir l'alliée; — un autre d'actualité : le très grand nombre des Espagnols qui travaillent dans nos usines de guerre (1); — un troisième, enfin, pour ainsi dire constant : la quantité des Espagnols qui émigrent vers le Nouveau-Monde. Ces hommes représentent une force sociale que la mère-patrie ne sait pas retenir et utiliser. Beaucoup d'entre eux se distinguent, particulièrement ces Basques dont les aïeux indomptables — *indomitus Cantaber*, disait Horace, — repoussaient furieusement les légions d'Auguste. Un peu effacés dans la société espagnole contemporaine, ils n'exportent pas de l'autre côté de l'Océan que des *pelotaris*. Parmi les premiers de l'Amérique Latine, que de noms fleurent le terroir euskarien!

A la vérité, du Pays Basque français, également, s'est produit un mouvement continu, surtout vers l'Argentine, et le départ serait difficile à faire entre descendants de Bas-Pyrénéens et descendants de *vascongados*.

Quoi qu'il en soit, l'on peut citer comme Basques d'origine les Amunategui, les Arosemena, les Echeverria, les Errazuriz, les Icazbalceta, les Iriserri, les Irrarazabal, les Iturbide, les Lardizabal, les Olavide, les Urdaneta, les Urquiza, une foule d'autres, et l'actuel président de la République Argentine, Irigoyen, et le romancier-di-

(1) *El Obrero Español* a . . . .

. . . . CENSURÉ . . . .

. . . .

Le Comité Pro-Volontaires Espagnols et Hispano-Américains

. . . .

. . . . CENSURÉ . . . .

. . . .

plomate Larreta, l'auteur très connu et très applaudi en France de la *Gloire de don Ramire*...

Ce qui contribue à induire notre pays en erreur, c'est que le Français qui voyage dans la Péninsule étudie ou, plutôt, croit étudier le peuple aux arènes; il ne cherche pas à le voir dans son milieu, dans son labeur quotidien; son attention se porte sur ce qui frappe ses yeux, continuellement, c'est-à-dire sur la haute société, à laquelle s'agrège *la gente cursi*. Ce petit nombre de privilégiés de la fortune et de fous à leur suite s'agite au point qu'il paraît occuper presque toute la scène.

La passion du spectacle, qui vit au cœur de tous les Espagnols, devient chez ceux-là une frénésie.

Un souvenir nous est resté, vieux déjà de trente ans. C'était à Saint-Sébastien, un dimanche de courses de taureaux. Le célèbre Mazzantini était sur l'affiche. Les chevaux de la duchesse de B..., — un des grands noms de l'Espagne, — s'emballent et viennent s'abattre non loin des arènes. Précipité de son siège, le cocher est en piteux état; de même le valet de pied; une jeune femme, parente ou amie, qui accompagnait la duchesse, est blessée aussi, mais plus légèrement; et la corpulente dame, saine et sauve, de prendre vers la *plaza*, où sonne le signal de la première course, un pas gymnastique dépourvu de grâce, sans s'occuper le moins du monde de sa compagne, de ses gens, de ses chevaux couronnés, de sa voiture endommagée.

Il faut s'amuser, s'étourdir, ne point laisser à la tristesse innée le temps d'épanouir dans l'âme ses corolles livides...

Ce monde, ce grand monde, et la demi-douzaine de politiciens qui emplissent la Péninsule de leur bruit ne représentent pas l'Espagne.

Ne nous laissons pas tromper par certaines apparences : les descendants des *Conquistadores* ne sont nullement des émasculés.

Cet homme en haillons, étendu au soleil, qui suit vos pas, l'œil à demi fermé, comme un fauve royal, ne vous avisez point d'aller intercepter le rayon qui berce sa paresse. Il ne vous dirait probablement pas : « Ote-toi de mon soleil. » Bien plutôt il se dresserait d'un bond en tirant le couteau.

Il importe de comprendre ce caractère, fait d'un mélange de noblesse native, de haut dédain pour l'affairement et les bousculades modernes, d'amour passionné de l'indépendance, générateur d'un individualisme forcené.

Ce même homme en haillons, vous lui demandez un service. Il vous le rend sans se faire prier, avec un plaisir manifeste, puis, magnifiquement, il repousse votre rémunération. Et vous pouvez le retrouver, plus tard, — nous l'avons retrouvé — criant, dans la gare prochaine, d'une voix de stentor : — *Agua-a-a fresca-a-a!* — Alors, après vous avoir tendu le verre d'eau qui constitue tout son commerce, il consentira à empocher votre *perra gorda* (gros sou) d'un geste très digne.

C'est dire que la question de forme possède, en Espagne, plus d'importance qu'en aucun autre pays, et que le caractère espagnol est d'une susceptibilité hyperesthésique.

Il serait donc essentiel que les Français appelés à être en relations avec les Espagnols connussent un peu ces derniers, — terriblement complexes, — connussent bien la Péninsule, connussent très bien le castillan.

Il ne serait pas moins essentiel que les personnages choisis pour donner de la « surface » aux comités de rapprochement international consentissent à se griser moins de très grands mots retentissant au cours de très belles périodes.

L'éloquence ne vaut que pour provoquer l'action ou pour la seconder. Du jour où un orateur prend ses discours pour des actes, n'est-il pas exposé, — ses amis ne sont-ils pas exposés eux-mêmes, — à se croire trop vite arrivés au septième jour et en droit de se reposer?

Dans cette grave affaire de la propagande en Espagne, il convient de ne pas se contenter facilement.

Nous applaudissons vivement à la création d'une villa Velasquez. Elle comble une véritable et surprenante lacune. Nous admirons ces fondations désintéressées. Mais ce sont un peu châteaux en l'air, sans portée pratique immédiate, sur lesquels nous avons dit ailleurs notre pensée, à propos d'une création analogue (1).

Il s'agirait pour l'instant — ne l'oublie-t-on pas? — de lutter efficacement contre l'infiltration continue, dans les cerveaux espagnols, du poison germanique...

Il est assez difficile de savoir avec exactitude combien il y a d'Allemands en Espagne à l'heure actuelle. L'on a dit trois cent mille et aussi cinquante mille. La plupart des journaux francophiles donnent quatre-vingt mille. Adoptons l'estimation la plus modérée. Grâce à la demi-mobilisation de ces cinquante mille hommes, grâce à la forte liaison assurée entre eux par l'inlassable ardeur du prince Ratibor et de ses consuls, conçoit-on la puissance du filet tendu sur la Péninsule, politiquement et commercialement? Pour nous en tenir à ce dernier point de vue, pense-t-on que les quelques négociants français disséminés là-bas, abandonnés à leur seule initiative, puissent, même en leur supposant une intelligence et une activité surhumaines, former à cette masse d'ennemis un contre-poids suffisant?

Quelques initiatives ont tenté de se manifester depuis le début des hostilités. Tel négociant a voulu aller faire, outre-Pyrénées, œuvre patriotique, en établissant des succursales desti-

(1) Dans le *Petit Temps* du 31 octobre 1909.

nées à concurrencer les maisons allemandes. De gros obstacles n'ont pas tardé à s'élever devant lui, en France, alors qu'un scandale récent a montré quelles facilités singulières ont été accordées à des individus stipendiés par l'Allemagne.

Le nombre des commerçants français qui connaissent réellement l'Espagne est pourtant bien restreint, et l'on ne saurait trop les encourager et les aider dans leurs tentatives.

Sur le marché espagnol grouillent les agents commerciaux de l'Allemagne. Ils font toutes les offres possibles, prennent tous les ordres d'achat, — en exécutent même quelques-uns (1).

Contre ces concurrents acharnés, l'Angleterre s'efforce. Suivant *The British Export Gazette*, « elle a augmenté considérablement ses exportations dans la Péninsule durant les trois dernières années. En 1916, la valeur des marchandises envoyées en Espagne atteignit 10.186.918 livres sterling, contre 8.631.224 dans l'année qui a précédé la guerre ». Et le jouranl se félicite des perspectives d'avenir qu'ouvre au commerce anglo-espagnol une telle préparation dans une époque de grandes difficultés.

C'est que ni les Allemands, ni les Anglais n'ont établi cette séparation un peu naïve : l'avant-guerre, la guerre, l'après-guerre, sépa-

(1) N'en soyons pas trop surpris. Ils essaient même d'en exécuter chez nous. En janvier 1918, à Paris, la vigilante perspicacité d'un ingénieur, M. D..., fit découvrir qu'une importante fourniture de ciment... suisse aux Ponts et Chaussées venait d'Allemagne.

ration qui implique l'arrêt momentané, par conséquent le recul, de certaines activités nationales.

Ils ne font pas ce rêve d'un miracle qui, brusquement, la paix signée, remette en état des rouages rouillés et donne la prospérité à qui n'aura point peiné pour la conquérir.

Ils travaillent, avec une ardeur redoublée, à conserver les vieilles clientèles, à les développer, à les soustraire à leurs rivaux, — et la France, l'un des deux gros acheteurs de l'Espagne, l'un des facteurs principaux, avec l'Angleterre, de la prospérité espagnole, la France fait un peu trop figure d'absente sur le marché de la Péninsule.

Si nous examinons l'action politique, inséparable, à notre avis, de l'action économique, nous devons constater la même insuffisance.

Les contre-attaques désirées par nos amis, en quoi consisteront-elles, si nous ne donnons pas à la propagande écrite l'impulsion et l'ardeur nécessaires? Dans l'envoi à Madrid de quelques fonctionnaires trop portés à y demeurer bureaucrates? Dans quelques missions de hauts personnages parlant un jour devant une assemblée choisie, puis regagnant Paris chargés de bravos et d'illusions?

Des académiciens français, non des moindres, sont allés à Madrid. Des académiciens espagnols sont venus à Paris. Peut-on dire qu'un beau discours de M. Bergson dans la capitale espagnole ou la conférence de M. Altamira en

Sorbonne (1) aient sensiblement modifié les relations des deux peuples?

Sans doute, ces éminents orateurs eux-mêmes ne le pensent-ils pas. Ils doivent bien savoir qu'ils ont eu affaire à une élite restreinte, que leur voix n'a pas atteint la masse.

Sous aucune forme : officielle, officieuse ou privée, l'effort isolé ne saurait suffire.

Qu'il s'agisse de laïques, tels que MM. Bouglé, Brunhes, André Michel, d'autres encore; qu'il s'agisse d'ecclésiastiques, comme Mgr Baudrillart, M. l'abbé Lugan ou, depuis peu, dans les Provinces Basques, le vaillant aumônier du 49e de ligne, M. l'abbé Etcheber, éloquemment secondé par M. Ibarnégaray, le député de Mauléon, applaudissons en bloc à leurs tentatives, mais ne nous leurrons pas sur les résultats.

L'action de nos ennemis a un centre principal : l'ambassade. Elle a des centres secondaires, fortement reliés à l'ambassade : les consulats et le *service d'information* de Barcelone. Supprimez cette vigoureuse cohésion : que devient la propagande allemande?...

Dans des notes destinées à un de nos actuels ministres, nous écrivions, en juillet 1917, ce paragraphe dont nous supprimons quelques phrases :

« Notre ambassadeur... Aussi plane-t-il généralement au-dessus des nuages, dans des régions

---

(1) Le 28 octobre 1916.

inaccessibles et sereines. Il pousse la discrétion jusqu'à un degré que parviennent seuls à dépasser nos agents consulaires. A voir tout leur effacement, l'on n'imaginerait jamais que la France a prêté à l'Espagne près de quatre milliards... Je n'aperçois qu'un de nos consuls qui ait fait preuve d'initiative : M. Revelli, nommé en 1916 à Saint-Sébastien, le 8 juin de la même année a réuni, dans le nouveau local du consulat, des industriels, des commerçants et des banquiers, membres de la colonie française, et leur a fait adopter l'idée de créer une chambre de commerce, inaugurée le mois suivant. »

Le 14 octobre 1917, M. Joseph Thierry, député des Bouches-du-Rhône, ancien ministre des Finances, a été nommé ambassadeur en Espagne.

Il a trouvé médiocrement avancés les pourparlers économiques engagés, en septembre, entre le marquis de Lema et notre ministère des Affaires Etrangères. Il a, sans tarder, prêté toute son attention aux accords projetés. Il vient (15 février) de donner un banquet suivi de réception, lequel n'est que le premier d'une série.

Notre ambassade renaît.

Nous espérons que ce renouveau ne fera que s'accentuer.

A l'action méthodiquement organisée du commis voyageur allemand, devrait en effet répondre une action non moins méthodiquement organisée du commis voyageur français.

Ce dernier se montre fier de n'être pas un numéro, un chiffre en mouvement. Il est un homme libre. Il ne sourit point par obéissance passive, mais quand il lui plaît de sourire. Il est à souhaiter que, dans l'avenir, il lui plaise plus souvent. N'ayant pas derrière soi tout l'Etat, toutes les banques mobilisées, il est d'autant plus prudent que son patron est, trop souvent, timide. Prudence et timidité exagérées, qu'il faudra combattre, ainsi que l'apathie bancaire et la trop grande abstention gouvernementale.

Dans la propagande et dans le commerce extérieur, les Français n'ont pas montré encore cet esprit de ténacité patiente dont on pouvait croire, jadis, qu'ils étaient dépourvus, et que la guerre de tranchées a révélé en eux, au grand étonnement de l'univers. Ils sont capables, l'on n'en saurait plus douter aujourd'hui, de tempérer, de canaliser en quelque sorte, leurs natives qualités d'élan et de brio par les calmes calculs de la réflexion. Le premier point serait de la convaincre que la victoire, dans le domaine économique, comme dans celui de l'opinion, est moins le prix d'une série d'escarmouches brillantes mais sans lien, que celui de la persévérance dans une lutte soutenue.

Surtout en Espagne, il importerait que le commis voyageur français fût, comme l'allemand, nombreux et polymorphe : agent commercial, négociant allant établir une succursale, ingénieur fondant ou développant une industric, publiciste, éditeur — toute branche du savoir et de l'activité a sa place dans l'œuvre.

A ces hommes, disposés à agir pour le rapprochement des deux pays, il faudrait donner l'assurance d'un appui en haut lieu; il faudrait que l'ambassadeur de la République Française veillât sur eux, qu'il possédât, non seulement la volonté ferme, mais encore les moyens de les aider dans leurs entreprises ; sous l'ambassadeur, des hommes expérimentés et dévoués contrôleraient, coordonneraient les efforts de ces soldats pacifiques de la France.

Alors il serait donné de passer à une contre-attaque sérieuse sur le terrain de la propagande écrite, la plus fructueuse, *celle qui pénètre partout,* la seule que cultivent nos adversaires, déloyaux mais pratiques; car, remarquons-le, ils ne font pas de conférences; ils savent que les paroles ne portent qu'à un public limité.

Alors, mais alors seulement, les tournées de propagande pourraient avoir leur plein effet, — à condition, toutefois, qu'elles fussent confiées à des hommes vraiment capables de faire leurs discours ou leurs causeries en castillan (1). Mgr Baudrillart, en qui le dévouement et l'acti-

---

(1) Il fallait entendre M. Emile Faguet conter une excursion aux Canaries, en compagnie d'un de ses confrères de l'Institut, qui se targuait de connaître l'espagnol. C'était un récit de haute saveur. Peut-être l'illustre savant, héros de l'aventure, a-t-il réellement appris, depuis, la langue de Cervantes et saurait-il demander aujourd'hui une chambre sans exciter innocemment l'indignation vertueuse et redoutable de l'hôtelier.

vité balancent la science, est un de ces hommes. Il y en a sûrement d'autres, beaucoup d'autres, parmi les laïques. Où sont-ils? Que font-ils? Où se marque la trace de leur passage?

Voilà quelque dix ans, à la Société des Conférences à l'étranger, nous réclamions déjà que le soin de la propagande française fût confié à des gens parlant avec aisance la langue du pays auquel cette propagande était destinée. Nous persévérons à penser que c'est là une idée logique. L'envoi d'hommes célèbres qui discourent en français, recueillant ainsi un applaudissement de confiance et de politesse, que cet envoi soit un heureux complément de la propagande générale, à la bonne heure! Il n'en saurait, en aucun cas, être l'essentiel.

La France, nous le verrons, compte de chauds amis en Espagne. Il existe là-bas des journaux francophiles. Mais c'est surtout en matière de propagande que l'on n'est jamais mieux servi que par soi-même. Un exemple le fera comprendre.

A la fin de mai 1916, *A B C,* l'organe germanophile, publiait un article sur les mauvais traitements subis par des Espagnols qui résidaient en France. Le correspondant à Paris du journal libéral francophile *El Imparcial,* M. Giges Aparicio, prit avec conviction notre défense, dans un article daté du 3 juin. Il débutait en ces termes :

« Je veux croire qu'il s'agit de cas isolés. Les temps

sont changés; on n'entend plus les plaintes d'il y a un an; je ne connais pas d'Espagnols qui arrivent francophiles et s'en retournent dans leur patrie germanophiles.

« Il faut avoir été ici, il y a quelques mois, pour savoir ce que c'est que la malveillance d'un peuple et les innombrables manières dont elle peut se manifester. La presse parlait de la propagande germanophile en Espagne, et ne disait presque rien de la propagande aliadophile, suggérant au lecteur l'erreur que tout notre peuple faisait des vœux pour les ennemis de la France. Quelques journaux importants de province et d'autres, médiocrement renommés, de Paris, fomentaient l'aversion des gens contre nous. Je pourrais citer le nom de personnes connues outragées dans la rue, suivies par des soldats en état d'ébriété plus ou moins prononcée, et traitées de *cochons espagnols* (1) parce qu'elles parlaient leur langue natale... Beaucoup, quand on leur demandait leur nationalité, préféraient la taire et se dire Péruviens, Argentins ou simplement Américains (2). »

L'imagination espagnole est trop vive pour ne se montrer pas quelque peu déformante...

S'il faut choisir, nous n'hésiterons pas à poser en fait qu'il vaut mieux en Espagne, de la part de la France, une exploitation minière qu'une école; un commerçant à demeure que le passage d'un conférencier célèbre; un commis voyageur habile qu'un éloquent faiseur d'abstractions. Le plus désirable serait d'avoir le tout.

C'est de cette considération que nous étions

(1) En français et en italique dans le texte.
(2) *El Imparcial* du 10 juin 1916.

parti, plusieurs années avant la guerre, pour réclamer un rapprochement intellectuel et commercial — surtout commercial — entre la France, l'Espagne et l'Amérique. Nous avons exposé ailleurs (1) comment notre idée fut déformée par des hommes très respectables, d'intentions excellentes, mais à qui l'habitude des grandes spéculations semblait avoir fait perdre le contact de la réalité.

Dans la réunion préparatoire qui eut lieu au Collège de France, le 30 novembre 1907, nous les adjurâmes en vain de descendre de leur tour d'ivoire, de considérer que si la France était tombée, à ce moment-là, du deuxième au quatrième rang, sous le rapport des exportations, c'est surtout qu'elle avait perdu, par incurie, la belle place qu'elle occupait, auparavant, dans l'Amérique Latine. Cette place, les Allemands la conquéraient, dans une lutte acharnée, plus ruineuse pour nous qu'une guerre. Situation pareille en Espagne, où ils nous délogeaient peu à peu, même de Barcelone. Il fallait donc répondre aux manœuvres de ces rivaux redoutables par une activité commerciale pareille, compléter la propagande intellectuelle par une propagande pratique. Toutes deux tireraient de l'effort commun une efficacité plus grande.

Ces idées, inspirées par le simple bon sens, eurent l'approbation de l'assistance entière, mais il n'en resta rien. La montagne accoucha

(1) Dans *Le Petit Temps* du 31 octobre 1909.

d'un groupement universitaire (1). Bien plus : on laissa l'Espagne de côté, quoique le représentant de la République de Cuba lui-même eût tenu à joindre ses efforts aux nôtres pour qu'il en fût différemment.

Cependant, nous lisons dans un journal madrilène du 8 juillet 1917 (2) l'information suivante, radiotélégraphiée ce jour-là de Nauen :

LIGUES HISPANO-ALLEMANDES

La Ligue hispano-allemande de Stuttgart et celle de Berlin ont décidé de fusionner, sous la présidence honoraire du prince Karl von Urach, et la présidence effective du prince Hohenlohe-Œhringen.

Le comité de Stuttgart était né longtemps après celui de Berlin. Il a été constitué depuis la guerre « *pour le rapprochement économique et cultural de l'Allemagne et de l'Espagne* ».

Economique — et cultural ! Quelle leçon pour certains personnages universitaires, dont les initiatives, assurément louables, mais un peu trop marquées de la hantise des sommets, demeurent, dans la pratique, à peu près infécondes !

(1) Du moins ce groupement a-t-il donné tous les fruits qu'on en pouvait attendre, grâce à l'impulsion de M. Martinenche, à qui l'on doit, en outre, la création d'un centre d'études hispaniques à Paris, création demandée tout d'abord en vain par nous, puis, efficacement, par M. Ibañez de Ibero.

(2) *Heraldo de Madrid.*

L'on ne vit pas que « de bonne soupe », mais il est un juste milieu. Songeant que l'avenir ne s'élabore pas dans la poussière des bibliothèques, voyant qu'aux actes des Allemands dans la Péninsule ne répondent guère que des paroles, plus d'un hispanisant avisé a dû se redire la comparaison de Vigny entre l'homme énergique et le dieu Terme.

D'autres erreurs sont plus matérielles, immédiatement tangibles.

L'immense richesse des mines du Rio Tinto s'offrit jadis à la France pour un nombre dérisoire de millions. Mal informée, la France la repoussa...

L'Espagne, nous croyons bon de le redire, constitue un terrain tout spécial, favorable, par son passé, à l'emprise germanique, défavorable, par ce même passé, par les méfiances et par les jalousies qu'il a engendrées, à l'action française.

Si une entente cordiale et sincère est difficile entre les deux pays, disons-nous bien qu'elle n'est pas impossible.

Elle serait sans doute réalisée, si nous avions eu, à l'égard de la Péninsule, une politique suivie, si nous avions su comprendre et saisir les occasions offertes par l'histoire.

La plus singulière a été ce grand mouvement de septembre 1885 contre l'Allemagne, à propos des Carolines : l'ambassadeur de Berlin hué, le drapeau allemand foulé par les patriotes, — la France acclamée!

Ah! si nous avions eu alors un ambassadeur intelligent et dévoué, des ministres capables!...

Il n'est guère permis d'espérer le retour de circonstances pareillement extraordinaires et de voir l'Espagne se tendre de nouveau vers nous, de son plein gré, d'un élan irrésistible.

L'heure actuelle est pourtant une des plus favorables qui se soient présentées à la France.

Comme nous le verrons dans le chapitre suivant, les apparences de la situation espagnole sont plus belles que la réalité. Les Français, aujourd'hui, sont un peu des voisins avec qui, longtemps, l'on a vécu en mauvais termes, et qu'on n'est point fâché d'avoir dans un moment de grave embarras; l'on s'adresse à eux sans trop d'enthousiasme, sous l'aiguillon de la nécessité; mais le premier pas est fait; les relations peuvent devenir ou redevenir sincèrement cordiales.

Saurons-nous mettre à profit le violent contraste entre les services économiques rendus par notre pays, comme par ses alliés, et la destruction systématique de la marine marchande espagnole par les Allemands, pour dissiper les préventions accumulées contre nous, pour porter un coup décisif à l'indéniable germanophilie *de allende los Pirineos?*

Dans tous les cas, la nature, l'intensité, la portée de la propagande française dans la Péninsule demeureront d'actualité, même après la guerre, car nous aurons, alors comme à présent, à nous préoccuper de nos rapports avec notre belle voisine : la France pourrait-elle assister impassible à la germanisation d'un pays auquel l'attachent tant de liens, invisibles mais forts?

Est-il besoin de dire aux Espagnols que la propagande française n'est pas, ne sera jamais analogue à la propagande allemande, même si, un jour, elle consent à en adopter certains procédés heureux? Les Français ne poursuivent pas la conquête matérielle de l'Espagne. Ils visent à une conquête bien plus haute, bien plus précieuse pour le monde latin, aux résultats bien plus féconds : celle de sa sympathie...

La liste serait longue des bonnes volontés françaises *et étrangères,* absolument désintéressées, qui furent rebutées, dans les deux premiers tiers et plus de 1915. Un seul fait : un Français, que sa connaissance de l'Espagne, des Espagnols, de leur histoire et de leur langue, ainsi qu'une enquête récente, mettaient en droit, lui semblait-il, de parler sur un tel sujet, voulut montrer au ministre compétent l'opportunité d'organiser dans la Péninsule une propagande rationnelle. Il ne put atteindre qu'à un jeune attaché de cabinet qui, très détaché, lui dit :

— Fort intéressante, votre idée; mais, pour la mettre en pratique, il faut attendre la prise de Constantinople, Monsieur (1)...

(1) Cf. *Bulletin des Langues Etrangères,* janvier 1916.

III

APPARENCES ET RÉALITÉS

Le revers de la prospérité financière : la disette. — Les plaisirs survivent : le 1er janvier 1918, la nuit des Rois et le Carnaval. — Causes principales de la gêne : l'accaparement; la crise des transports terrestres et maritimes; la pénurie de matières premières et de produits étrangers (charbon, coton, engrais, matériaux, outillage de construction); la mévente des produits nationaux. — Le système protecteur : avantages pour l'industrie; inconvénients pour l'agriculture. — Les vins. — Les fruits (oranges, raisins, bananes). — Les relations commerciales franco-espagnoles. — Le *modus vivendi* de 1893, prorogé en 1906. — La question du change. — Le nouvel accord.

« Que le dernier emprunt ait été couvert vingt fois; que l'encaisse or de la Banque atteigne un chiffre inespéré, voisin de deux milliards; que Barcelone, Bilbao, Gijon, frappent l'étranger par leur labeur intense et par leur mouvement; — il est vrai. Les Espagnols ont été trompés eux-mêmes par cette prospérité soudaine et dangereuse. Leur presse a publié, d'une façon parfois naïve, leurs espoirs (1). Dans l'illusion que la guerre serait courte, ils croyaient profiter de toutes les manières du conflit, sans courir aucun risque, et jouer ensuite le beau rôle de médiateurs. Leur griserie n'a eu qu'un temps. Elle semble aujourd'hui à peu près dissipée. Partout, en effet, se manifeste un grave manque d'équilibre. Les diverses régions ne sont pas également favorisées, non plus que les diverses classes sociales. Dans le haut commerce, dans l'industrie, l'on assiste à l'ascension d'heureux spéculateurs. La tête un peu tournée par l'éclosion brusque de leurs capitaux, ces « nouveaux riches », — qui, demain ou après-demain, seront des « nouveaux nobles », — prodiguent l'argent, mènent joyeuse vie, étalent un luxe criard. Mais les provinces agricoles commencent à connaître la gêne, laquelle, bientôt, sera peut-être la misère. La cherté des vivres se fait sentir déjà très rudement. L'heure des restrictions sévères va sonner. *Loin de suivre le progrès de la situation monétaire, la situation budgétaire accuse, en ces dernières années, un déficit constant.* Une fois de plus, l'afflux de l'or semble avoir appauvri l'Espagne. »

Les événements illustrent ces lignes, que nous écrivions en juillet dernier.

La prospérité du Trésor s'est accrue. Les deux milliards dont nous parlions alors, la Banque d'Espagne les a dépassés. Durant l'année 1917,

---

(1) Cf. par exemple *El Mundo* du 10 août 1915.

elle a acquis 714.672.666 piécettes d'or monnayé; au 31 décembre, elle possédait une réserve de métal jaune égale à 2.053.664.836 piécettes, soit, en nombre rond, si l'on tient compte du cours du change sur Paris, 2.834 millions de francs (1).

A la même date, les billets en circulation avaient une garantie de 70,23 0/0 en or et de 25,30 0/0 en argent, soit, au total, une garantie de 95,53 0/0 en espèces.

L'Espagne — qui l'eût cru en 1914? — songe à adopter l'étalon or.

A un financier yankee, en train d'installer à Barcelone une importante maison de banque, *El Imparcial* attribue cette phrase : « Si la guerre dure deux ans de plus, et si la convalescence de la guerre dure quatre autres années, les Etats-Unis seront le pays le plus fort du monde et l'Espagne sera le plus riche d'Europe (2). »

Le 15 février, la Banque d'Espagne émettait des Bons du Trésor pour une somme de 200 millions. Le jour même, ils étaient largement souscrits. Madrid seule en prenait pour 178 millions, 115.000 piécettes.

Tout serait pour le mieux, si l'Espagne n'avait pas connu la disette. L'or ne se mange pas. Il

(1) Le 10 juillet 1914, l'encaisse or de la Banque d'Espagne n'était que de 343 millions de piécettes, et le change était alors défavorable à nos voisins.

(2) *Las balas de la abundancia*, dans le numéro du 12 février 1918.

ne chauffe pas. Il n'éclaire pas. Comme l'avare, en proie aux privations à côté de son inutile trésor, l'Espagne a subi les affres de la faim, la morsure du froid, les ténèbres. Elle a manqué de blé, de farine, de pain. La pénurie de charbon a été aggravée par la crise des transports. La capitale et d'importants chefs-lieux de provinces ont été privés de gaz et d'électricité. A Barcelone, Valence, Alicante, Malaga, Huelva, Palma de Majorque, ailleurs encore, de longs cortèges de femmes hâves ont manifesté au cri de : « A bas les voleurs et les accapareurs! » Dans plusieurs de ces villes, la répression a été sanglante. Acceptée ou non par le ministère, des préfets ont offert leur démission.

L'année 1917 s'est achevée dans le déferlement de l'indigence populaire, augmentée par la rigueur insolite de l'hiver. La capitale, sous la neige et le verglas, privée déjà de lumière, voyait ses habitants n'oser regagner que par groupes, après le départ du jour, les quartiers extérieurs. Attaques continuelles, vols, où l'honnêteté affamée le disputait aux professionnels. Rien de plus désenchanté que les articles qui ont salué le 1er janvier. Les journaux libéraux eux-mêmes, si prompts aux longs espoirs et aux vastes pensées politiques, semblaient avoir abandonné leurs attentes consolatrices. Partout montait ce brusque pessimisme où s'absorbe volontiers l'âme si mobile des Espagnols, dès que le spectacle extérieur ne vient pas l'arracher à elle-même.

Dans la nuit du 31 décembre, cependant, fidèle à un vieil usage, la foule commença d'envahir la Puerta del Sol. C'était la fête des raisins, l'adieu carnavalesque à l'année qui finit, la bienvenue à celle qui commence. L'on vient ainsi attendre et fêter les douze coups de minuit sonnés par l'horloge du ministère de l'Intérieur, — les douze raisins. Et l'on égrène d'autres grappes moins symboliques, et l'on vide force bouteilles. Car il est deux circonstances où le Madrilène se fait une loi de perdre la sobriété : la fête des raisins et celle de saint Isidore, patron de la ville (1).

Donc, le 31 décembre 1917, tandis que le froid et la faim étreignaient tant de pauvres gens, tandis que les intelligences en travail s'effaraient en songeant à l'avenir, la foule déguisée, masquée et buvante de couples jeunes armés de tambours, d'accordéons, de boîtes en fer-blanc, de guitares, ou porteurs de lanternes vénitiennes au bout de leurs bâtons, se mit, dès

(1) « Le *Ponton de San Isidro*, en bois, mérite une mention spéciale. C'est par là que, le 15 mai et les jours environnants, les Madrilènes se rendent, joyeux pèlerins, à l'ermitage de *San Isidro*, patron de la *villa y corte*. C'est un flot continuel et bruyant qui s'écoule vers l'autre rive du Manzanarès, où l'on vous montre, non seulement le pauvre ermitage, mais encore une source que le saint, nouveau Moïse, fit jaillir d'un rocher. Par dévotion, l'on boit quelques gouttes de l'eau miraculeuse et, par plaisir, beaucoup de vin. Les bals improvisés, les chevaux de bois, les montagnes russes, les balançoires, les baraques des marchands de rafraîchissements, tout égaie alors un paysage morose, fait de collines de sable et de cimetières. » Jules Laborde, *Le Touriste français en Espagne*.

le premier coup de minuit, à mêler ses cris assourdissants aux sons discords des instruments jusqu'à perte de souffle...

La misère a pu s'accentuer, les événements se sont succédé sans altérer l'indifférence publique. L'incendie de la Granja; les Juntes des sous-officiers; Madrid privé à la fois de gaz, de houille et de charbon de bois; Murcie et Séville, aussi mal partagées que la capitale; — peu de chose.

A Séville, dans la nuit du 5 janvier, une cavalcade très réussie, figurant l'arrivée des rois mages, a obtenu l'applaudissement général.

Madrid et quelques autres villes viennent de connaître un carnaval particulièrement animé (1). Les cavalcades réjouissaient les regards de tous. Dans les grands salons mondains, les couples tourbillonnaient insouciamment à l'orchestre des tziganes.

Le dernier bal, le 12 février 1918, réalisa le fin du fin. Les privilégiés furent admis à y admirer les plus beaux yeux qu'un homme puisse voir et le travesti le plus inattendu : les jeunes filles de la haute noblesse déguisées toutes en « apaches »...

Devant ce furieux contraste entre les grondements sourds dans la masse qui souffre et la dissipation de l'aristocratie, l'on aurait d'ail-

(1) Signalons qu'à Grenade, l'archevêque a écrit au maire pour lui demander, en raison des circonstances, de supprimer les fêtes du carnaval.

leurs tort de songer aux jours qui précédèrent notre révolution. L'Espagne n'a pas eu les encyclopédistes.

La philosophie de son peuple est une résignation fataliste : — *paciencia, conformarse* — et l'attente vague d'un meilleur lendemain : — *mañana sera otro dia.*

Au surplus, nos imprudents du XVIIIe siècle étaient désarmés; ils se contentaient de berquinades et de bergeries; à leur ceinture ne brillait pas le « surin » des « apaches »...

La gêne qui étreint la Péninsule provient de quatre causes principales :

1° Accaparement.

2° Crise des transports.

3° Pénurie de matières premières et de produits étrangers.

4° Mévente des produits nationaux.

Dans la réalité, il va sans dire que ces éléments se pénètrent, s'enchevêtrent, présentent la complexité de la vie elle-même. Nous ne les séparons que dans un but de clarté. Déjà, nous avons fait de la propagande allemande une abstraction, alors qu'elle s'enlace à tous les accidents de l'existence nationale espagnole, s'y mêle, forme corps avec eux : on la trouve partout, effrontée ou dissimulée, impudemment grossière ou d'une habile perfidie.

Accaparement. — Regrettons que l'Espagne n'ait pas le monopole de ce crime commercial.

Dans les conflits entre l'amour du portefeuille et le devoir patriotique, partout se sont révélées, à côté de la noble pratique des vertus civiques, un certain nombre d'âmes basses. C'est que les grandes secousses historiques sont impuissantes à modifier la nature de l'homme. Elles l'éclairent, simplement, mettant chacun dans son jour, aidant à faire le départ entre les citoyens honnêtes et les coquins.

La presse libérale accuse le gouvernement d'avoir tardé à prendre, contre les accapareurs, des mesures d'intérêt public. Dans cette lenteur manifeste, il semble bien que tous les Espagnols aient une part de responsabilité, car tous ils ont eu foi que la guerre serait brève. Cette considération, — jointe à la germanophilie, — domine la politique intérieure et les relations internationales de nos voisins depuis le début des hostilités.

Alléchés par les hauts prix atteints, les industriels, les négociants et les gros intermédiaires n'ont guère songé qu'au jour qui passait. Ils drainaient tout ce qu'ils pouvaient et ils vendaient, — ils vendaient à l'étranger, sans se préoccuper aucunement des besoins et de l'avenir de leur patrie.

Le chiffre énorme de l'exportation, où l'on a cru voir un motif de très vif contentement, souligne, en réalité, le danger de l'imprévoyance nationale.

Cet afflux de l'or étranger; la raréfaction réelle de certaines denrées, qui en est une conséquence; la raréfaction apparente des autres, due à la fois aux agissements des spéculateurs, à une mauvaise distribution qu'enfante l'insuffisance des transports, enfin, après l'établissement de la taxe, à la dissimulation des stocks (propice à l'exportation clandestine); — trois causes unies pour aboutir, sur toutes les substances alimentaires, à une hausse d'autant plus sensible, d'autant plus dangereuse pour la paix intérieure, que le salaire des ouvriers demeure minime.

Par comparaison, l'Espagne, restée hors du conflit, a donc souffert, plus que la France, de l'élévation générale des prix.

Depuis le mois d'août 1914, jusqu'au mois de janvier 1918, le blé a monté de 72 0/0; le maïs, de 80 0/0; l'orge, de 83 0/0; le riz, de 98 0/0. La hausse des pois chiches a été de 70 0/0; celle des pommes de terre, de 90 0/0. Tout a augmenté à proportion.

Il a fallu attendre 1918 et la nomination, en qualité de commissaire royal au ravitaillement, d'un homme énergique et actif, dévoué à son pays, M. Luis Silvela, pour voir atténuer un peu le mal croissant du renchérissement des vivres.

Encore, malgré ses pouvoirs étendus, malgré tous ses constants efforts, malgré l'aide très inégale que lui apportent les Comités provinciaux de ravitaillement, s'est-il heurté aux plus grosses difficultés. Il est loin de les avoir toutes vaincues.

Pour avoir une idée approximative des problèmes à résoudre, et n'être pas injuste, il suffira de se rappeler ce qui s'est produit en France : la dérision à l'égard des mesures restrictives de l'étranger, puis, hâtivement, des taxes improvisées, la résistance à ces taxes, la réglementation de la consommation.

Dans la Péninsule, un même défaut de prévision a porté les mêmes fruits; les intérêts personnels ont semblablement lutté contre l'intérêt général; or l'Espagne n'est pas un pays de juste milieu et de demi-teintes, et nos propres inconvénients, au prix des siens, paraissent bien modestes.

Les premiers adversaires de M. Luis Silvela ont été les officiers municipaux. Lorsque la taxe fit cacher vilainement le blé par les producteurs, ils allèrent plus loin que ces derniers. C'est ainsi que le maire de Xérès s'est plaint de la disette dans un télégramme au préfet de Cadix. Mais, le 26 janvier, l'inventaire des stocks démontre que Xérès possède 124.880 fanègues de blé, soit 34.880 fanègues ou 19.358 hectolitres de plus qu'il n'en faut à cette ville pour attendre la récolte nouvelle.

Constatation plus rassurante encore à Cordoue, le 30 janvier, dans des conditions identiques : cet important chef-lieu a du blé pour deux ans (1).

(1) A la fin de février, M. Luis Silvela estimait le stock général à 2.450.574 quintaux métriques. En outre, le Gouvernement a négocié l'achat de 400.000 tonnes de blé à la République Argentine.

La mauvaise foi persistante apportée à la déclaration, qui seule permettait un inventaire exact; le mauvais vouloir à mettre à la disposition du commissaire royal les stocks en vue d'une répartition équitable; les résistances aux diverses taxes ont eu pour résultat des perquisitions sévères, des réquisitions, des amendes.

Dans une seule commune, à Torancon (province de Cuenca), l'on a découvert, — le fait a été publié par l'Administration le 23 février, — 107.570 kilos de blé. A Figueras (province de Gerona), les perquisitions opérées à la même date n'ont pas été moins fructueuses, notamment pour le pétrole et pour le sucre. Cette province de Gerona, peut-être à cause de la frontière proche, se distingue dans l'escamotage. Le 3 mars, le préfet télégraphie qu'il a trouvé chez un industriel du village de Cadaquès 25.000 kilos de substances alimentaires et autres, omises dans la déclaration sous serment.

Les détenteurs de légumes secs — riz, haricots, lentilles, pois chiches, — les ont cachés à l'envi.

Ces coupables manœuvres prennent un aspect tragique, si l'on songe que toutes les victimes de l'hiver 1917-1918 ne sont pas tombées sous les balles des mausers ni sous le froid, mais que beaucoup sont mortes de faim.

Une des suites les plus regrettables de la recherche des stocks est que, peu à peu, la délation s'établit en ressort d'Etat. Ce n'est pas toujours le bien public qui dicte les dénonciations. Sous le couvert d'un beau zèle, mainte rancune trouve à se satisfaire. L'on peut craindre que la moralité n'en souffre...

Dans l'accomplissement de sa tâche, l'Office de ravitaillement se heurte trop souvent aux préoccupations personnelles.

A Valence, le désáccord est violent, qui sépare les partisans de l'exportation du riz et ses adversaires. Ceux-ci ont pour eux le nombre, mais l'autre camp paraît plus influent.

Une autorisation d'exporter de la farine en Portugal est-elle donnée, au début de janvier? A Tuy, aussitôt, éclatent des troubles. Le ministre des Finances doit publier une note justifiant cet envoi. Or, le 10 janvier, les bouchers de Madrid, au nom de leurs intérêts propres, envoient une délégation au président du Conseil : il s'agit d'autoriser l'exportation, en Portugal, de 1.000 tonnes de farine en échange de 3.000 porcs.

Souvent frappés pour avoir contrevenu à la taxe, les boulangers de Madrid ont énergiquement réclamé contre la tolérance pratiquée à l'égard des minotiers, qui vendent la farine au-dessus du prix fixé. Ils ont menacé, par l'organe de leur syndicat, de suspendre la fabrication du pain. Les minotiers ont rejeté toute la responsabilité sur les agriculteurs. Les producteurs de blé des provinces de Cuenca, Tolède et Ciudad Real, requis par le commissaire royal d'approvisionner la capitale au prix de la taxe, —

soit à raison de 42 piécettes 75, puis 40 piécettes les 100 kilos, — ont, à leur tour, exhalé des plaintes amères...

Les laboureurs de Nava del Rey sont allés plus loin. Contre l'établissement de la taxe du blé, ils ont adressé, en février, au président du Conseil, au ministre de l'Agriculture et des Travaux Publics, au commissaire du Ravitaillement, une protestation où ils annonçaient la suspension des semailles des blés de printemps; ils faisaient entrevoir en outre la possibilité d'un accord entre les diverses fédérations agricoles ou associations de laboureurs et les syndicats, pour réduire de 75 0/0 la production de la précieuse céréale et consacrer les terres à des cultures plus rémunératrices...

Les adversaires des taxes alimentaires ne sont pas toujours des producteurs ou des commerçants : le 28 janvier, à Badajoz, la Fédération des sociétés ouvrières s'est élevée très fort contre cette mesure...

Sur presque tous les points de la Péninsule, on peut suivre ces mouvements égoïstes et contradictoires, peu faits pour faciliter la tâche des gouvernants. Dans les critiques des journaux, il faut donc faire la part de l'exagération de parti. Néanmoins, il apparaît malaisé de donner tort aux organes libéraux, quand ils relèvent un manque manifeste d'énergie à l'égard des ploutocrates.

L'année 1917 a vu échouer tous les efforts en vue d'établir un impôt sur les bénéfices de guerre, impôt qui eût rendu faciles à l'Etat des améliorations sociales et des relèvements de soldes. Il est permis de conjecturer que l'année 1918 verra échouer de même les efforts analogues.

Au mois d'avril 1917, un conflit d'intérêts entre la sidérurgie et la métallurgie a empêché d'aboutir aucune solution sur la taxe des fers.

Sur les très vives instances des constructeurs, devant la menace du chômage de milliers d'ouvriers, cette taxe vient enfin d'être établie par une commission que présidait le directeur général du Commerce, de l'Industrie et du Travail. Elle a été approuvée par le Conseil des ministres (4 mars 1918).

Jusqu'à ce jour, maîtres du fer, les industriels de Bilbao faisaient la loi sur le marché. Ils ont réalisé des fortunes énormes. Aussi voit-on de nouvelles et puissantes sociétés naître dans le chef-lieu de la Biscaye. Citons la Compagnie sidérurgique de la Méditerranée, fondée, en janvier 1918, au capital de 100 millions.

CRISE DES TRANSPORTS. — Elle frappe les chemins de fer et la navigation.

Chemins de fer. — Ils souffrent à la fois d'une organisation défectueuse, de l'insuffisance et de l'usure du matériel, des grèves fréquentes.

Cet état de choses a eu pour triple résultat : de seconder les spéculateurs par la raréfaction de la marchandise; de nuire aux agriculteurs et aux éleveurs mis dans l'impossibilité d'écouler normalement leurs produits; de causer, enfin, par la mauvaise distribution des stocks, des disettes locales très évitables.

C'est la Compagnie du Nord qui a le plus retenu l'attention par les retards parfois considérables dans le mouvement.

Certaines gares étaient encombrées de wagons, pour elles inutiles. — nécessaires ailleurs. Des trains chargés de bétail restaient indéfiniment en souffrance. Le charbon des Asturies attendait en vain sur le carreau de la mine que l'on vînt l'enlever pour satisfaire aux besoins urgents de la Castille et de l'Andalousie. Les viticulteurs de la Manche, empêchés d'envoyer leurs liquides dans le nord de la Péninsule, ne cessaient pas de réclamer.

En présence de ces faits, le Gouvernement a dû publier son intention de mesures coercitives.

Dans la *Gaceta* du 11 janvier 1918, un décret du ministre de l'Agriculture et des Travaux Publics annonçait des sanctions dans le cas où des trains directs de marchandises, — chargés soit de matériel destiné aux services de la Guerre et de la Marine, soit de substances alimentaires ou combustibles destinées à l'approvisionnement public, — auraient un retard injustifié supérieur à 2 heures par 100 kilomètres ou fraction de 100 kilomètres de parcours.

L'effet de ce décret ne dut pas être très appréciable, si l'on en juge par la quantité des plaintes nouvelles adressées directement au ministre, ou bien aux journaux.

Dans le milieu de janvier, l'on a pu assister à cet événement singulier : la ville de Vigo, devant l'inutilité des voies ferrées, organisant un service de chariots pour apporter du charbon de Ponferrada.

Le 30 janvier, le commissaire royal au Ravitaillement menaçait la Compagnie du Nord d'une amende de 1.000 piécettes *par jour de retard* sur les trains charbonniers...

Le gouvernement s'est préoccupé, en même temps, de la question du matériel. Il a eu recours, non seulement à la production nationale, mais encore à l'importation. Toutefois, à mesure que les ateliers de Beasain, en pleine activité, telle maison de Barcelone ou l'Amérique elle-même s'efforcent de remédier aux insuffisances constatées, les déraillements se multiplient, les trains se rencontrent comme par plaisir, les chaudières des locomotives éclatent avec une fréquence inquiétante.

Le spectateur étranger essaie de se persuader que les accidents et que les catastrophes sont fortuits et dus uniquement à la fatigue du matériel ou du personnel...

L'assemblée nationale des chemins de fer, réunie à Madrid du 20 au 27 janvier 1918 (1), a entendu, sur les remèdes à porter au mal, des

(1) La séance préparatoire eut lieu le 19.

propositions un peu simplistes, à première vue, mais qui donnent à réfléchir.

Dans la séance du 22 janvier, après une longue discussion du premier rapport, l'assemblée vota par acclamation la première conclusion, ainsi rédigée :

« Le service des chemins de fer doit être nationalisé, de façon que le capital propriétaire des lignes soit espagnol, que leurs services techniques et administratifs soient confiés à des citoyens espagnols et que toutes les industries en relation avec ce mode de communication aient leurs racines dans le pays. »

Cette proposition ne donne qu'un reflet très affaibli de la discussion, et il est permis de se demander si un souci patriotique entraînait seul l'assemblée, dont la plupart des membres préconisaient une reprise immédiate et brutale.

N'oublions pas que la propagande germanophile a consacré une part de sa sollicitude à la crise des transports. Elle en a trouvé une explication bien simple : les chemins de fer sont administrés et dirigés par des Français; Paris commande; le matériel, qui suffirait amplement aux nécessités péninsulaires, est mis à la disposition des agents étrangers accapareurs, qui le font rouler pour eux seuls et sans ménagement. La connaissance du mal n'implique-t-elle pas le remède? Plus d'étrangers, sans tarder! A peine les Français éliminés, la marche des trains redeviendra normale.

La propagande française, à peu près inexistante, n'a pas relevé ces sottises. Elle n'a pas montré la flagrante contradiction entre cette accusation en l'air de l'accaparement des produits espagnols par la France, la fermeture de notre frontière à ces produits, les gémissements des exportateurs espagnols. Fière et digne, juchée à l'empyrée, la propagande française a laissé dire, et l'invraisemblable calomnie a pénétré même dans des cerveaux non dépourvus d'intelligence, a ébranlé, nous le savons, jusqu'à des francophiles...

Dans sa séance du 23 janvier, peut-être sur une intervention officielle, l'assemblée nationale a d'ailleurs reconnu l'impossibilité de procéder si vite et si à l'étourdie. Elle a donc adopté cette conclusion dilatoire, où le but se montre diplomatiquement estompé :

« Reconnaissant à la fois les difficultés d'une reprise immédiate et les inconvénients qu'il y aurait à proroger les concessions, considérant que la politique des chemins de fer est une part de l'économie générale, l'assemblée émet le vœu que cette politique s'oriente vers l'exploitation graduelle des différents réseaux par l'Etat, et que, dans ce but, soient réalisées en temps opportun les opérations financières nécessaires. »

Transports maritimes. — L'Espagne ne dispose guère que du tiers des bâtiments qui seraient indispensables à assurer le bon fonctionnement de son commerce. La menace pèse sur elle de se voir réduite à bref délai au trafic terrestre.

La guerre sous-marine — car l'indéniable vérité c'est que, sans l'avoir déclarée, *l'Allemagne fait la guerre à la marine marchande espagnole,* — la guerre sous-marine, par la diminution progressive du tonnage et par l'accroissement des risques, a entraîné la cherté des frets. L'on a vu à Valence, notamment le 3 janvier 1918, des exportateurs reculer devant le prix exorbitant des transports : ils refusaient de charger des caisses d'oranges et d'oignons accumulées sur les quais.

Au mois de décembre 1917, par la réquisition de 180.000 tonnes, soit alors 40 0/0 du tonnage total de l'Espagne, — depuis, les Allemands se sont bien acquittés de le diminuer! — le gouvernement a essayé d'atténuer la crise (1).

Il n'est pas nécessaire de réfléchir beaucoup pour constater que la recrudescence de l'action sous-marine allemande contre les navires espagnols, — parallèle à la recrudescence des catastrophes sur les voies ferrées, — a coïncidé avec le moment où l'Espagne a entamé avec les Alliés des négociations en vue d'accords commerciaux.

Notre voisine s'y est pourtant résolue d'un mauvais gré non dissimulé.

Elle eût bien voulu demeurer dans l'isolement que, le 20 mai 1916, au cercle de l'Union Com-

(1) *El Liberal* du 5 janvier 1918 a porté, à l'occasion de cette mesure, des accusations d'une gravité singulière contre le ministre de l'Agriculture et des Travaux Publics, M. Alcala Zamora, un germanophile plein d'ardeur.

merciale, à Madrid, M. Maura lui conseillait en ces termes :

« Le capital étranger a rendu au pays des services qu'on ne peut méconnaître, mais il ne faut pas cependant que sa présence puisse être un obstacle à l'œuvre de solidarité nationale, qu'il pèse trop lourdement sur la vie de la nation. Tant qu'une nation n'a pas par elle-même tout ce qui est nécessaire pour sa propre existence, elle n'est pas indépendante. Ce qui importe donc, *c'est de chercher et de trouver les moyens de subsister sans la volonté de l'étranger.* »

Elle était de cœur avec M. Alba, ministre des Finances dans le cabinet Romanones et dans le premier cabinet Garcia Prieto, lorsque ce libéral déposait des projets de loi dirigés contre la France (1).

Mais elle s'est heurtée à des impossibilités matérielles, plus fortes que sa haine contre nous, plus fortes que son amour pour l'Allemagne...

A l'heure actuelle (28 février 1918), *soixante* navires espagnols, jaugeant ensemble *deux cent mille tonneaux environ,* ont été torpillés (2), —

(1) Notamment, celui qui avait pour objet « d'interdire l'introduction en Espagne de valeurs étrangères et de valeurs espagnoles domiciliées à l'étranger ».

(2) En voici les noms :

Isidoro, Peña Castillo, Vigo, Santanderino, Winifreda, Aurrera, Mendivil Mendi, Ganekgorta Mendi, Pagassari, Mayo, Olazarri, Luis Vives, Ootz Mendi, Lucienne, Urubitarte, Julian Benito, Gerona, Bravo, Ason, Marqués de Urquijo, San Leandro, Manuel, Valle, Nueva Montaña, Algorta, Punta Teno, Butron, Dos de Noviembre, Nueva Vizcaya, Mar Adriatico, Arraiz, Vivina, Gracia, San Fulgencio, Tom, Iparraguirre, Alumendi, Mamelena numero 9, Mamelena nu-

la plupart pendant que les libéraux occupaient le pouvoir.

Cette dernière constatation, faite par un journal conservateur, *La Epoca*, a eu pour M. Garcia Prieto une saveur désagréable.

Pourtant, l'on peut se demander si, en face d'un ministre plus résolu, l'Allemagne aurait osé mettre en œuvre, avec un si brutal sans-gêne, son manifeste dessein d'intimider l'Espagne et de tâcher de mettre obstacle à la conclusion ou à l'accomplissement d'accords commerciaux avec les Alliés.

M. Garcia Prieto, marquis d'Alhucemas, est un de ces hommes dont le souriant scepticisme laisse faire au temps. Sa claire et vive intelligence s'amuse du spectacle humain. Il ne semble pas que son cœur en soit touché. C'est un dilettante « ondoyant et divers » autant qu'homme d'Espagne. Aux événements, il n'impose pas une ferme volonté, mais ruse avec eux, tergiverse, les subit.

M. Dato, un caractère, avait adopté, à l'égard de nos ennemis, une attitude énergique.

---

mero 12, *Carmen, Patricio, Begoña, Breaga, Telesfora, Esperanza, Encarnacion, Oriñon, Campo libre, Buenaventura, Alemendi, Claudio, Noviembre, Mumbru, Victor Chavarri, Giralda, San Sebastian, Ceferino, Mar Caspio, Ne·uri, Sardinero.*

Nous ne faisons pas figurer sur cette liste le vapeur *Pelayo*. Le 6 février 1918, la Cour de Cassation de Londres, dans un procès intenté par la Compagnie maritime de Barcelone à un assureur du Lloyd, a péremptoirement jugé que la perte de ce navire, parti de Tyne le 17 novembre 1916, et disparu, doit être attribuée, non pas à un torpillage, mais au gros temps.

C'est lui qui a fait signer par le roi, le 29 juin 1917, le décret sur les sous-marins, et ce décret, malgré le mécontentement du prince Ratibor, il l'a appliqué deux fois sans faiblesse (1).

Un Espagnol *républicain* et francophile nous écrivait récemment : « Si M. Dato fût resté au pouvoir, l'Allemagne eût respecté nos navires, ou l'Espagne serait aujourd'hui à côté des Alliés. »

Au reste, M. Garcia Prieto est un plus sûr reflet des sentiments de la Péninsule.

Jusqu'ici, malgré les commentaires indignés de la presse libérale, les torpillages émeuvent plus profondément les Alliés que l'opinion espagnole, en majorité soumise aux organes germanophiles.

Or, des feuilles comme le *Correo Espagnol*, moniteur officiel de l'ambassade d'Allemagne, des carlistes et des moines, ou comme la *Correspondencia Militar*, journal attitré des officiers, ont peine à contenir leur enthousiasme devant les glorieux exploits de la grande marine allemande.

Voici en quels termes le premier de ces journaux annonçait un torpillage qui coûta la vie à trois matelots et anéantit l'une des meilleures unités de la flotte marchande espagnole :

---

(1) Le U. B.-23, qui s'était réfugié à La Corogne, pour cause d'avaries, dans la soirée du 29 juillet, a été interné au Ferrol le 30 et le U. B.-293, également avarié, entré le 4 septembre à Cadix, a été interné dans ce port. L'on se rappelle que M. von Krohn parvint à faire évader ce dernier navire.

UN NAVIRE CONTREBANDIER COULÉ

« Un navire de la Compagnie des hauts fourneaux (1), le *Victor-Chavarri*, employé au transport du fer et du minerai en Angleterre, et du charbon en Espagne, a été torpillé. »

L'on ne saurait être plus distant des préoccupations nationales.

Quant aux navires coulés depuis, la presse germanophile trouve toutes sortes de bonnes raisons pour justifier la conduite des Allemands à leur égard : n'en découvre-t-elle pas même pour la violation des eaux territoriales espagnoles et la destruction du navire italien *Duca-di-Genova,* attaqué par le U. E. 88 à un mille environ du brise-lames de Sagonte?...

Le dimanche 20 janvier 1918, à Barcelone, une plaque commémorative a été inaugurée sur la maison qu'habitait le compositeur Granados, l'illustre victime du torpillage du *Sussex.* Le maire et un ami de la famille, le poète Apeles Mestres, ont alors prononcé de beaux discours.

Mais, à la plupart des Espagnols, les 660.000 francs, — le Wehrgeld! — payés par l'Allemagne aux fils du compositeur, ont paru, pour nous servir du jargon contemporain, « un beau geste ». Et si, dans l'entourage des morts, un remous se produit, bientôt il s'éteint dans l'indifférence générale, comme, dans l'Océan, l'onde vite effacée du cercueil que jette le navire.

(1) De Bilbao.

Pénurie de matières premières et de produits étrangers. — Nous l'avons dit : économiquement, l'Espagne souffre surtout d'avoir eu foi dans la brièveté de la guerre. Cette conviction lui a fait juger possible un « superbe isolement » où trouveraient en même temps leur compte : les intérêts matériels; les sympathies germanophiles; les fortes rancunes contre l'Angleterre, maîtresse de Gibraltar, contre les Etats-Unis, auteurs du désastre de 1898, — contre la France.

La prolongation des hostilités a dissipé ce rêve.

C'est que la Péninsule a un besoin vital de matières premières et de produits que les Alliés, à l'heure actuelle, peuvent seuls lui fournir : charbon (Angleterre), coton (Etats-Unis), engrais, outillage de construction, matériel électrique (France).

Aussi, malgré l'opposition véhémente et opiniâtre des germanophiles, qui étaient parvenus à faire déchirer un premier accord avec l'Angleterre, — le traité Cortina, signé sous le cabinet Romanones, — le gouvernement a-t-il dû finir par s'entendre avec les trois puissances.

Le charbon. — De la houille, l'Espagne en possède. Elle a, notamment dans les Asturies et dans la province de Léon, de nombreux gisements. Mais beaucoup ne sont pas encore exploités. Dans la plupart des autres, les moyens d'extraction et la qualité laissent à désirer. En outre, pour une consommation qui frise 8 millions de tonnes, la production nationale n'en atteint pas 6 millions. Il faudrait améliorer le rendement de la main-d'œuvre. Or, les conflits du travail et du capital se sont aggravés, et l'on estime à 500.000 tonnes le déficit causé par le mouvement gréviste du mois d'août 1917. Même sans la crise des transports, l'Espagne se serait donc trouvée dans l'embarras.

La propagande germanophile, toujours fertile en explications imprévues, a fait en sorte de persuader aux Espagnols que la pénurie de charbon dont ils souffrent est le résultat d'un calcul de l'Angleterre : celle-ci aurait raréfié la marchandise pour se faire de la réclame, peser sur l'Espagne, lui imposer un traité onéreux, la faire pencher du côté des Alliés, l'entraîner peu à peu à l'intervention. Ce roman chez la portière a rencontré beaucoup d'oreilles complaisantes. Néanmoins, la nécessité l'a emporté sur la passion.

Au commencement de décembre, un accord a été signé, aux termes duquel l'Angleterre doit mensuellement exporter en Espagne 150.000 tonnes de charbon, 300 de fer-blanc et 120 de ferro-manganèse. Elle prendra dans la Péninsule tout le minerai dont elle aura besoin, 50 0/0 des oranges expédiées en 1916 et 50 0/0 des amandes, figues sèches et raisins de table expédiés en 1914.

Le coton: — D'Egypte, l'Espagne reçoit un

peu de coton, mais beaucoup moins que n'en réclame son industrie. Sans le concours de l'Amérique du Nord, les métiers catalans s'arrêteraient et, de plus, le pétrole ferait défaut.

Au début de février 1918, le stock de coton dans la Péninsule était évalué à 94.000 balles, quantité tout à fait insuffisante pour faire face aux besoins.

Dès le mois de janvier, la presse américaine annonçait que les Etats-Unis étaient prêts à envoyer mensuellement à l'Espagne 4.000 tonnes de pétrole et 30.000 balles de coton, en échange de vins et de minerais. Madrid eût signé sans tarder un accord sur ces bases, mais le gouvernement de Washington y mettait une condition qui ne paraissait pas enthousiasmer nos voisins : la conclusion de l'accord avec la France, lequel traînait depuis près de six mois. De là quelques frottements. Des navires espagnols, chargés, ont été retenus dans les ports américains. L'Espagne, de son côté, a retenu à Barcelone un navire chargé à destination de New-York.

Enfin, devant l'insistance invincible des Américains, devant leurs offres de plus en plus larges : — 35.000 balles de coton par mois, matériel de chemins de fer, — l'Espagne a dû accepter la douloureuse condition, puisque, le 24 février, l'ambassadeur des Etats-Unis à Madrid, M. Willard, a envoyé à son gouvernement un câblogramme pour annoncer la signature de l'accord commercial entre les deux puissances.

En vertu de cet accord, l'Espagne recevra

donc coton, pétrole et matériel. Elle enverra en France, pour l'armée du général Pershing, deux cent mille couvertures, des mules et des objets d'équipement.

Engrais, matériaux, outillage de construction. — La question des engrais est aussi essentielle pour l'Espagne que celle du coton, que celle du charbon.

Le 20 février 1918, le président de la Chambre de commerce d'Albacete adressait au président du Conseil un télégramme où se trouvent résumés les principaux desiderata de la Péninsule. Nous en détachons ce passage :

« Il est de la plus grande nécessité de pouvoir nous procurer des phosphates, car la perspective des prochaines semailles sans engrais rend certaine une diminution énorme dans la production des blés et nous talonne. »

Le signataire, M. Pedro Jiménez, est d'ailleurs très éclectique. Il réclame la conclusion la plus rapide possible d'accords commerciaux avec le plus grand nombre de neutres ou de belligérants, à quelque groupe qu'ils appartiennent.

Peut-être ne réfléchit-il pas que le commerce avec les Impériaux serait assez malaisé pour l'instant; peut-être oublie-t-il que la France est à la fois le gros acheteur des vins, qu'il demande d'exporter, et le gros vendeur des engrais (1).

(1) En 1915, l'Espagne a importé de France et d'Algérie 75 millions de kilogrammes de phosphates.

L'on aimerait à voir notre service de propagande manifester son existence réelle, relever ces erreurs d'appréciation, envoyer aux intéressés et aux journaux les notes nécessaires...

D'autres Espagnols ne planent pas, ou n'affectent pas de planer si loin des réalités. Voici l'une des conclusions votées, dans la grande assemblée du 23 janvier 1918, par la Confédération patronale des constructeurs :

« Douzièmement. — Que soit entamée la négociation diplomatique opportune pour que le gouvernement français consente, moyennant la réciprocité convenable, à l'importation en Espagne d'une quantité de ciment Lafargue égale, au minimum, à 500 tonnes par mois. »

C'est la France, également, qui peut fournir l'outillage de construction, celui qui est nécessaire à la réparation des locomotives, et un certain nombre d'autres articles indispensables à la Péninsule.

MÉVENTE DES PRODUITS NATIONAUX. — Cinq facteurs principaux interviennent dans les relations commerciales de l'Espagne avec les autres pays : l'intérêt des produits de l'industrie nationale que peut absorber la Péninsule; la nécessité d'assurer à l'étranger l'écoulement des productions surabondantes; l'état plus ou moins prospère des récoltes; la tension ou la cordialité des rapports internationaux; le taux du change.

Les deux premiers facteurs sont, à la fois,

constants et contradictoires, car le premier implique la protection, alors que le second s'accommoderait fort du libre-échange.

L'Etat protège l'industrie de la Catalogne, favorise ainsi l'essor de cette province, facilite, à des prix avantageux, la vente de ses produits dans le reste de la Péninsule, sans qu'elle ait à y redouter l'effet de la concurrence étrangère. Si donc la Catalogne est la région la plus riche de l'Espagne, elle le doit en grande partie au gouvernement de Madrid et non pas simplement, comme l'affirment avec modestie les chefs du régionalisme, à une immense supériorité de race et d'intelligence sur les autres Espagnols. Aux séparatistes catalans, le pouvoir central aurait souvent lieu de rappeler l'apologue des membres et de l'estomac.

Les Provinces Basques trouvent seules leur avantage à ce protectionnisme déterminé, qui lèse les intérêts des régions agricoles. En effet, l'Espagne doit chercher à l'étranger des débouchés pour ses vins, pour ses huiles, ses fruits (oranges, raisins, bananes), ses produits potagers, son liège, ses cuirs, ses laines. Nous ne parlons pas de ses minerais, en tout temps recherchés, et que les circonstances ont rendus indispensables (1).

(1) A propos du Maroc, nous avons évoqué *Le chien du jardinier*. C'est encore à lui qu'il nous faut revenir, si nous parlons des richesses minières de la Péninsule. Au moment de la catastrophe européenne, existaient en Espagne près de 25.000 concessions, dont un quinzième à peine étaient

Les productions de l'agriculture sont naturellement soumises à des écarts assez étendus (1). Bornons-nous à quelques mots sur les principales.

Les vins. — La statistique des vins indique 18 millions d'hectolitres en 1907 et 30 millions d'hectolitres en 1917. Mais l'ascension n'a pas été régulière. Il y a eu des années de fléchissement : 1910, où la production n'était exactement que de 11.283.433 hectolitres; 1915, où elle était moindre encore : 10 millions d'hectolitres environ. Brusquement, elle s'est élevée, en 1916, à 28 millions d'hectolitres. En tenant compte des besoins de la clientèle espagnole, on voit l'importance des stocks immédiatement exportables.

L'âge d'or, pour la vente des vins espagnols, a été l'époque où le vignoble français était ravagé par le phylloxéra. Nos plants reconstitués, les producteurs d'outre-Pyrénées n'ont pas été satisfaits. Néanmoins, la France est demeurée, jusqu'à la guerre, l'une des deux meilleures clientes des caves espagnoles.

---

exploitées. La plupart du temps, un terrain prospecté, la mine reconnue, de simples spéculateurs, analogues aux fournisseurs improvisés de notre armée, obtiennent par leurs relations politiques une concession fictive, puis ils attendent l'amateur, que leurs prétentions mettent en fuite la plupart du temps. Ne pouvant toucher eux-mêmes à la mine, ils empêchent du moins les autres d'y toucher.

Or il paraît qu'au cours de ces trois dernières années ces étranges concessionnaires ont conclu de nombreux marchés avec des Allemands.

Faut-il croire que la France sommeille?...

(1) La production de l'huile varie approximativement de 1 million à 4 millions de quintaux métriques.

En 1915, elle n'a acheté à la Péninsule que 600.000 hectolitres de vin rouge ordinaire; en 1916, elle lui en a pris 3 millions d'hectolitres et 5 millions en 1917 (1).

Le jour où, trop lésée par le change, elle a fermé sa frontière aux vins espagnols et filtré l'introduction des achats antérieurement conclus, les gros producteurs de la Péninsule ont eu l'appréhension de voir tarir leur principale source de profits.

Les démarches répétées des chambres de commerce et des hommes politiques, les nombreux télégrammes au président du Conseil, les rapports et les vœux des assemblées ne laissent aucun doute à cet égard.

L'on voit M. Gasset insister à plusieurs reprises, dans le courant de décembre 1917, et revenir à la charge, le 3 janvier 1918, auprès de M. Garcia Prieto, au nom des viticulteurs de la Manche, pour lui signaler l'urgence de l'exportation des vins en France. Le ministre lui répond qu'il ne cesse pas de négocier avec le gouvernement de Paris, que l'on attend, pour continuer ces conversations, l'arrivée de deux délégués français, que le premier sujet traité dans les réunions sera celui des vins.

(1) La plus grande partie de ce vin, à son entrée en France, a été réquisitionnée par l'autorité militaire. Les coopératives du Midi ont pu en obtenir, qu'elles vendaient à 0,80 centimes le litre. Si les négociants sont parvenus à s'en procurer aussi, ils l'ont écoulé comme vin français, au prix fort.

Il n'entre pas dans notre dessein de relever toutes les tentatives analogues des intéressés.

Reproduisons au moins cet autre passage, particulièrement significatif, du président de la Chambre de commerce d'Albacete, le 20 février 1918 :

« *Il est urgent de sauver d'une ruine totale la richesse vinicole.* Les récoltes invendues représentent des centaines de millions. »

Plantes potagères et fruits. — C'est en 1916 que l'Espagne agricole a atteint le maximum de prospérité matérielle due aux événements. Elle en est aujourd'hui à la partie descendante de la courbe.

Les chiffres donnés par la Direction générale des Douanes de Madrid, pour l'exportation des substances alimentaires, sont les suivants :

En 1915....	402	millions de piécettes
— 1916....	533	— —
— 1917....	507	— —

Malgré quelques exceptions heureuses, comme celle du vin, la culture a généralement souffert.

Sur certains articles, l'on constate, comparativement à 1916, des baisses importantes qui atteignent en kilogrammes : pour l'ail, 2 millions; pour les prunes, à peu près le même chiffre; pour les citrons, 3 millions; pour les olives, 7 millions; pour les melons, plus de 7 millions et demi; pour les raisins secs, 11 millions; pour les tomates, 14 millions; pour les haricots, 15 millions; pour les pommes de terre, 28 millions et demi.

Ces chiffres ont été dépassés sur certains fruits, qui constituent un des éléments de la richesse nationale : les oranges, les raisins frais, les bananes.

Les oranges. — En 1915, l'Espagne avait exporté 456 millions de kilogrammes d'oranges; en 1916, le total s'abaisse à 383 millions pour tomber, en 1917, à 216 millions de kilogrammes.

Tout a paru se liguer contre les producteurs : la défensive économique de la France et de l'Angleterre, l'insuffisance des transports, l'élévation des frets, la gelée... Que de doléances, — mais aussi quels télégrammes d'un lyrisme éperdu, dès qu'un ministre ou un directeur a paru vouloir essayer d'atténuer la crise!...

Il fallait voir, en temps normal, l'extraordinaire et joyeuse animation de la récolte, où s'occupaient soixante mille personnes : les robustes paysans montant cueillir les fruits qu'ils entassent au pied des arbres; les interminables files de chariots ou de trains, qui emportent ces monceaux d'oranges, vers les magasins où de belles jeunes filles, grisées par l'odeur, les trient, les enveloppent de papier, les mettent dans des caisses, — et ponctuent le travail de rires et de chants.

L'esprit ne perdait pas cette vision dorée, cette senteur, cette activité, ces yeux qui semblent avoir emmagasiné du soleil, ces dents jeunes qui brillent.

Aujourd'hui la guerre a retenti sur la *Huerta* et sur les provinces voisines. De certains villages tous les hommes sont partis pour gagner, dans les usines de France, de quoi vivre et faire vivre leur famille (1).

Les raisins. — Sur les raisins, la baisse est également considérable.

Au lieu de 46 millions et demi de kilogrammes en 1916, l'exportation n'a plus atteint, en 1917, que 17 millions de kilogrammes.

Les meilleurs raisins partent d'Alméria.

Cette ville exportait chaque année, en Angleterre et aux Etats-Unis, plus d'un million de barils de fruits magnifiques, conservés dans leur transparente fraîcheur par de la sciure de liège et représentant une valeur d'une vingtaine de millions. Là aussi, les femmes ont fini de chanter et de rire en disposant les grappes.

Partout s'est élevé un concert de plaintes.

---

(1) Tous les ports du *Levant* et, en particulier, Valence, expédiaient les oranges par des vapeurs qui chargeaient de quinze à trente mille caisses. Chaque caisse contenait plusieurs centaines de ces pommes des Hespérides (de 420 à 714 fruits). Le choix et le surchoix venaient en France. Le tout-venant allait en Angleterre. Sans parler des wagons qui amenaient à notre frontière les oranges non triées...

De Burriana, ville qui compte 15.160 habitants, près de 7.000 personnes sont parties pour la France.

Les bananes. — Par la mévente des bananes, les Canaries sont particulièrement touchées.

Ces îles ne méritent plus, dans les circonstances actuelles, leur ancien nom de Fortunées. La misère y est extrême. La plupart des travaux y sont paralysés. Au manque de tonnage se sont ajoutés le manque de charbon, le manque de pommes de terre à planter, l'exportation clandestine, l'émigration.

En 1913, les Canaries ont exporté 4.945.572 colis de bananes, de dattes, de tomates, de pommes de terre; en 1917, environ 500.000.

Elles trouvaient une autre source de richesse dans leurs ports où, en 1913, ont mouillé 4.625 vapeurs étrangers de haut bord et, en 1917, à peine 300 (1)...

Les relations commerciales franco-espagnoles. — Depuis 1891, date où, sous l'effort d'un courant protectionniste, l'Espagne dénonça le traité de 1882, elle n'est point parvenue à en conclure un autre avec la France.

Les tarifs du 1er janvier 1892 lésaient trop directement nos intérêts, pour qu'il fût possible de s'entendre.

(1) Le port de Vigo a particulièrement souffert, lui aussi, de la guerre. Entrées en 1913 : — 2.304 navires, jaugeant 4.089.326 tonnes; en 1917 : — 1.494 navires, jaugeant 665.900 tonnes. Mouvement des voyageurs : 219.216 en 1913 et 34.178 en 1917. Recettes des douanes : 5.285.204 piécettes en 1913 et 1.973.764 piécettes en 1917.

Les libéraux étaient au pouvoir.

De guerre lasse, l'on aboutit, en mai 1892, à un *modus vivendi*, modifié le 30 décembre 1893, prorogé indéfiniment par l'échange de notes du 27 décembre 1894.

Le 23 mars 1906, un nouvel *Arancel*, conforme aux suggestions des industriels basques et catalans, aggravait singulièrement les dispositions de 1892. C'était presque une déclaration de guerre économique à la France.

Les libéraux étaient au pouvoir.

Une fois de plus, l'on ne put parvenir à s'entendre.

Les négociateurs espagnols jugeaient très légitime de frapper nos articles de lourds droits prohibitifs; ils n'admettaient pas que nos vignerons cherchassent à se défendre.

Le 29 novembre 1906, l'on en revient, par un nouvel échange de notes, au *modus vivendi* de 1913, lequel fut prorogé *sine die.*

Depuis vingt-cinq ans, les relations commerciales entre les deux pays ne sont donc pas empreintes d'une franche cordialité. Au lieu de l'accord désirable, c'est le système des représailles qui prévaut, la guerre des tarifs. Il faut constater qu'elle porte surtout préjudice à la France, dont les exportations en Espagne ont baissé de manière appréciable, depuis 1906, alors qu'augmentaient, en proportion inverse, les importations.

L'Espagne ne nous prend que ce qu'elle ne peut pas trouver ailleurs. Pour le reste, avant la guerre, elle aimait mieux s'adresser à l'Allemagne (1).

Le change. — En voici les cours comparatifs à la fin des deux dernières années :

	31 déc. 1916	31 déc. 1917
Sur Paris......	80.25	72.15
Sur Londres...	22.22	19.64

Les deux pays intéressés se sont préoccupés de cette dépréciation de leur monnaie nationale. L'Angleterre a envoyé, dans la capitale espagnole, une commission présidée par lord Cunlife et chargée de discuter avec le Gouvernement espagnol les questions relatives au change pour tâcher d'en améliorer les cours. Peu après, une commission française, chargée de négociations analogues, est arrivée à Madrid.

Cette question du change, liée à des causes complexes, obéit surtout aujourd'hui à l'importance des achats faits à l'Espagne.

De là découle, pour les nations étrangères, la nécessité de se défendre en restreignant leurs achats, — à moins que n'intervienne un accord financier.

C'est ce qu'a parfaitement compris la Chambre de commerce d'Espagne à Paris. Dès le mois de novembre 1917, elle envoyait à Madrid, sur la crise causée à certaines productions es-

(1) Cf. Jeronimo Becker, *Relaciones comerciales entre España y Francia durante el siglo XIX*. Madrid, 1910.

pagnoles par l'interdiction des importations en France, un mémoire lumineux dont voici les conclusions :

« 1° Hors de modestes solutions partielles, dues à des circonstances passagères, comme celles que peuvent déterminer, à un moment donné, des nécessités impérieuses et inéluctables du marché français, l'on n'obtiendra rien de concret et de définitif en cette affaire tant que ne sera pas négocié le *modus vivendi* qui réglera comme il convient, pour ce temps anormal, tous les problèmes de l'importation et de l'exportation.

« 2° Ces négociations, pour aboutir au but désiré, devront avoir pour base une opération financière en vertu de laquelle l'Espagne ouvrira à la France un crédit, portant l'intérêt légitime et dûment garanti, dont le montant total sera destiné à l'achat de produits espagnols. »

Il semble qu'un accord sur ces bases eût pu être conclu dès la fin de 1917. L'Espagne doit le désirer plus encore que la France. Nous avons exposé quelques-unes des nécessités de ce pays : elles sont inéluctables, angoissantes, urgentes. Les Etats-Unis y ont ajouté le poids de leurs offres généreuses, dont s'émerveillent des feuilles espagnoles. A un article déjà cité, nous empruntons ce passage :

« Nous recevions, par mois, 30.000 balles de coton : ces derniers temps, nous les demandions pour l'amour de Dieu. Eh bien, maintenant nous en recevons 35.000. Contre quelle compensation? Celle d'exporter en France. Il semble que le joyeux Démocrite ait inspiré les délibérations de nos diplomates. Les Etats-Unis nous offrent plus de coton que nous n'en avons besoin normalement et, en échange, ils exigent que nous voulions bien vendre à des prix qui firent dire à un fabricant plein de reconnaissance pour la guerre : « Nous devrions avoir dans nos bureaux une statue en or de l'empereur d'Allemagne. » Il y a plus. Dans l'accord on nous promet du matériel de chemins de fer, des wagons qui décongestionneront le trafic et qui transporteront doucement à la frontière nos colis.

« Le chant se poursuit comme une *Marseillaise* commerciale, comme un : allons! de négociants partant pour une Chanaan idéale! (1) »

Dès lors, comment se fait-il que la négociation de l'accord soit si longue? La résistance acharnée du parti allemand serait-elle donc plus forte que la pression de l'Espagne qui réclame le droit de vivre? . . . .

. . . .

CENSURÉ

. . . .

8 *mars* 1918. — Nous prenons connaissance

(1) *Las balas de la abundancia,* dans *El Imparcial* du 12 février 1918.

. . . .

CENSURÉ

. . . .

de l'accord commercial signé, le 28 février, entre la France et l'Espagne (1).

Conformément aux conclusions présentées en novembre par la Chambre de commerce d'Espagne à Paris, il se compose de deux parties : l'une économique, l'autre financière.

ACCORD ECONOMIQUE

En voici les trois premiers articles :

Article Premier

Le Gouvernement espagnol s'engage à permettre sans restriction aucune l'exportation en France des articles suivants :

1° *Pyrites.*

2° *Plomb, zinc* et *cuivre* bruts, et *minerais* de toutes sortes.

3° *Laine manufacturée.*

Article II

Le Gouvernement espagnol s'engage également à permettre l'exportation vers la France des articles intéressant celle-ci et, notamment, de ceux qui sont énumérés ci-après, dans toute la mesure permise par les besoins nationaux et les engagements internationaux. Il est d'ailleurs convenu que pour aucun article la situation faite à la France ne sera inférieure à celle d'une autre nation.

(1) Nous avons en même temps sous les yeux les analyses, peu rigoureuses en général, que donne de cet accord la presse de Madrid. Nous préférons supposer de la part de nos confrères espagnols une insuffisance d'informations qu'une déformation intentionnelle.

Tissus, fils et articles divers de *chanvre*, de *coton* ou de *jute*.

Chaussures de toute espèce (1).

Produits manufacturés en *fer*, *acier*, ou autres métaux associés ou non à d'autres matériaux.

Voitures et *matériel* de toute nature employé pour les transports.

Produits chimiques.

Riz.

Oignons.

Pommes de terre.

Huile d'olive.

Figues et *raisins secs.*

Conserves de toute nature.

Article III

En réciprocité, le Gouvernement français s'engage à permettre l'exportation en Espagne des quantités, ci-après spécifiées, des marchandises suivantes :

Coprah : à prendre à Madagascar et que le Gouvernement espagnol fera transporter par ses propres moyens : quantité illimitée.

Phosphate de chaux : à prendre en Algérie ou en Tunisie, dans les mêmes conditions : 200.000 tonnes (2).

Goudrons et *brais* : 2.000 tonnes au minimum.

Chiffons de laine : 2.000 tonnes au minimum.

Outils et *machines* : à prendre parmi les catégories où il existera des disponibilités, en comprenant le matériel usagé : 3.000 tonnes au maximum.

Matériel et *machines électriques* : par quantités mensuelles commençant en avril à raison de 200 tonnes et croissant de mois en mois pour arriver à 500 tonnes à partir d'août, soit en tout 3.500 tonnes au minimum.

---

(1) Cf. la note de la page 203.

(2) Si les besoins de l'Espagne venaient à être plus grands, le Gouvernement français tâcherait de les satisfaire.

Ferraille de qualité inférieure, non classée, provenant de déchets renvoyés du front, par quantités mensuelles de 1.000 tonnes au minimum.

⁂

Aux termes de l'article IV, la France fournira aussi à l'Espagne : *produits chimiques* et *pharmaceutiques*, *pièces de rechange*, *soie* et *bourre de soie en fils*.

⁂

L'article V concerne les principales exportations agricoles de la Péninsule.

L'Espagne importera en France :

1° Les *vins*, — 250.000 hectolitres par mois, dont 100.000 pourront être remplacés par une quantité égale d'alcool.

2° Les *oranges*, les *bananes* et autres fruits frais, « par quantités mensuelles au moins égales à la moitié de la quantité moyenne importée pendant les mois correspondants des cinq dernières années, l'importation d'une certaine quantité d'oranges et de fruits frais pouvant être remplacée par l'importation de la quantité correspondante de confitures ».

3° Le *liège* en plaques ou en bouchons.

4° Les *essences végétales* pour la parfumerie.

L'article VI fixe les taxes maxima applicables à certains articles.

Dans l'article VII, le Gouvernement français accorde le libre passage, de la Suisse en Espagne, au *matériel électrique* et aux *turbines* construits dans la République helvétique. Il l'accorde aussi aux *graines de betterave* et aux *aiguilles pour le tissage* en provenance d'Allemagne ou de Suisse, dans les quantités strictement nécessaires aux besoins nationaux.

En outre, le Gouvernement français examinera tout autre cas relatif à des articles de la même provenance, que l'Espagne aurait besoin d'importer.

Les mêmes autorisations de transit existeront pour le commerce analogue d'Espagne en Suisse.

L'Espagne, de son côté, permettra le passage de quelques produits, de France dans les colonies françaises.

ACCORD FINANCIER

En Espagne est constitué un consortium de banquiers et d'exportateurs espagnols, en France un consortium de banquiers français.

L'Espagne, pour faciliter l'acquisition des produits qu'elle a intérêt à exporter, ouvre à la France un crédit mensuel de 35 millions de piécettes.

Ce crédit sera garanti par le dépôt, en Espagne, d'obligations libérées du Trésor français, payables en piécettes, la préférence devant toutefois être donnée, dans la mesure du possible, à des valeurs espagnoles.

Ces accords seront en vigueur jusqu'au 31 décembre 1918, et liés à l'accord conclu avec les Etats-Unis, l'effet de ce dernier demeurant soumis à l'accomplissement des accords franco-espagnols.

***

L'heure n'est pas venue d'écrire l'histoire de cet accord si péniblement conclu.

Comment dissimuler, pourtant, qu'une part des grosses difficultés auxquelles se sont heurtés nos négociateurs ne nous semblent pas d'origine étrangère, que nous y voyons plutôt le fruit de nos maladresses en Espagne?

Il nous eût fallu sur les lieux des hommes en dehors de la routine, des hommes réfractaires à l'incontinence des mots insubstantiels, par là même passionnés pour l'application des idées, habiles à discerner les nécessités du moment, à dissiper l'erreur involontaire, à corriger la déformation intéressée, à montrer lumineusement les Français tels qu'ils sont; — en un mot, il nous eût fallu une vraie propagande.

Que nous a fait connaître la réalité?

Non seulement le caractère inorganique de nos rudimentaires efforts; non seulement la nature parfois contradictoire de nos missions; mais surtout, et c'est là le plus grave, une action superficielle, une action purement spéculative.

Même lorsque certains choix ne rappelaient pas irrésistiblement le danseur de l'acerbe Beaumarchais, où étaient-ils, les hommes désireux et capables de préparer la voie à des accords également avantageux pour les deux pays? Qui donc, parmi les missionnaires de la francophilie, se souciait des questions économiques?...

L'Espagne n'a pas été éclairée sur nous, sur l'aide que nous pouvions lui apporter : nous n'avons pas été éclairés sur l'Espagne.

Les embarras où elle se débattait, et dont nous venons de donner un aperçu rapide, les agents de la France ont paru les ignorer. Une fois de plus, le point de vue espagnol s'est imposé à notre pays. Celui-ci, le dernier venu pour conclure un accord avec sa voisine, a cru ce qu'elle lui disait — de bonne foi, nous en sommes persuadé : qu'il demandait beaucoup, alors qu'il n'avait que peu à donner. C'est pourquoi, sans les Etats-Unis, dont la conduite à notre égard, dans ces négociations, offre un exemple admirable de parfaite loyauté, la France et l'Espagne n'auraient même pas conclu cet accord du 28 février, que nous voulons nous abstenir de commenter.

Qu'on le relise; que l'on relise ensuite le chapitre qui le précède; l'on reconnaîtra sans peine que la France, loin de ne rien donner, se présentait les mains pleines.

Si, dans la Péninsule, — où nous ne faisions pas obstacle à la propagande germanophile, — des *tracts* appropriés, des cartes postales schématiques eussent été, en temps opportun, répandus à profusion pour publier les besoins qu'exprimaient les agriculteurs, les industriels, les commerçants, et dans quelle mesure il était donné à la France de les satisfaire, nos voisins n'auraient-ils pas compris, et nos négociateurs, que l'accord avec notre pays était au moins aussi urgent que l'accord avec l'Angleterre et que l'accord avec les Etats-Unis pour permettre à l'Espagne d'échapper à ce que l'un de ses journaux, *La Vanguardia,* appelait avec une rude franchise : *un danger d'asphyxie?*

M. Garcia Prieto disait : *au suicide...*

En vérité, ce n'est pas l'Allemagne qui nous fait le plus grand tort au delà des Pyrénées : c'est « le mol oreiller » de notre négligence.

IV

LES FAUX PAS DE LA PRESSE PARISIENNE

Pessimisme inopportun. — Le sentiment et la politique. Républicains français et révolutionnaires espagnols. — La neutralité de l'Espagne. — Le meeting du 27 mai 1917. — Les élections législatives. — L'échec de MM. Lerroux et Melquiades Alvarez. — M. Cambo. — Appel au bon sens.

Un de nos premiers hommes d'Etat, frappé encore à ce moment-là d'un paradoxal ostracisme pour avoir courageusement poursuivi et obtenu le vote de la loi qui a assuré le salut national, nous disait, le matin du 15 juillet 1917 :

— Avez-vous lu les articles très pessimistes publiés, hier soir, dans ......? S'ils sont exacts, c'est la révolution en Espagne.

— Mais ils ne sont nullement exacts, protestâmes-nous; ils prouvent, tout au plus, que leurs auteurs jugent particulièrement mal des choses de la Péninsule.

Et nous dîmes quelques-unes des raisons qui, selon nous, s'opposaient péremptoirement, dans les circonstances actuelles, à la réussite d'un mouvement révolutionnaire au delà des Pyrénées. La plus importante, c'était que les Juntes formées par les officiers, pour défendre les intérêts de l'arme à laquelle ils appartiennent, avaient un but, non pas politique, mais purement professionnel (1); leur existence était une atteinte à la Constitution, mais non pas au pouvoir du roi; c'est surtout l'exemple donné qui les rendait inquiétantes; elles ne deviendraient un danger pour la monarchie que si les Allemands, — secondés consciemment ou inconsciemment par les partis extrêmes de la Péninsule, — parvenaient à les entraîner dans un mouvement factieux; jusqu'ici, le roi témoignait à l'armée la plus vive, la plus indulgente bienveillance; l'affaire des officiers enfermés à Montjuich par le général Marina et remis en liberté sur un télégramme d'Alphonse XIII rappelait à tous les Espagnols d'autres faits analogues; l'armée resterait donc fidèle au roi,

(1) Plus de trois mois après cette date, le 27 octobre, le *Heraldo de Madrid* publiait, signée Darío Pérez, une interview des officiers de la garnison de Barcelone, interview dont nous détachons ce passage :

« Nous, faire de la politique? Jamais! C'est seulement par ignorance ou par malice que l'on peut nous supposer ce dessein. Nous l'avons déclaré dans le manifeste du 13 juillet, nous l'avons répété dans d'autres documents d'ordre intérieur, et, surtout, nous l'avons démontré par nos actes. »

Les Juntes demandaient la justice dans l'avancement, le respect des droits de l'ancienneté, la réorganisation de l'intendance et du corps de santé, une meilleure instruction technique des chefs, l'amélioration de la situation matérielle des officiers et des soldats.

l'armée sans la collaboration de laquelle les partis en révolte ne pouvaient espérer rien.

— Ah! tant mieux, vous me rassurez, — nous dit notre éminent ami, qui, comme nous, aime l'Espagne.

Nous ne voyons pas bien, en effet, ce que nos voisins eussent pu gagner, en ce moment, à bouleverser leur état social et à compliquer ainsi des problèmes intérieurs dont la gravité ne saurait être niée.

A n'envisager que l'intérêt du parti républicain espagnol, en quoi eût-il été servi par une révolution qui n'était pas faite dans les esprits, à laquelle ils n'étaient nullement préparés? Fallait-il donc risquer une nouvelle aventure de 1868, avec les mêmes ruines, ou d'autres peut-être pires, et le même aboutissement probable à une restauration ? Les représentants de ce parti ont-ils été grandis par leur Jeu de Paume avorté? Rééditer comme le fit le 19 juillet, à Barcelone, le sénateur Abadal, l'apostrophe que Mirabeau, de son verbe enflammé, jetait au marquis de Dreux-Brézé, voilà qui va bien, si l'on est décidé à braver la force des baïonnettes. Mais la retraite de M. Abadal, du député Lerroux et de leurs amis passerait difficilement pour un acte d'héroïsme.

Nous sera-t-il permis de constater qu'au cours de ces événements ce n'est pas un seul organe mais notre presse, en général, qui a fait preuve d'une assez belle incompréhension de la politique espagnole?

Les articles de nos premiers journaux, d'un pessimisme aussi sombre qu'injustifié, servaient, sans le vouloir, les desseins de la propagande allemande; ils donnaient le change à certains Espagnols eux-mêmes; ils laissaient à nos ennemis la liberté de faire croire que des troubles subventionnés, en réalité, par l'Allemagne, et dont ne pouvait profiter que l'Allemagne seule, avaient eu l'appui de l'argent français (1).

Pour notre part, donc, nous estimons que M. Dato avait quelques raisons — et que les Français en eussent eu beaucoup! — de se plaindre de la presse parisienne (2).

Elle est coutumière de ces erreurs, dues à la fois à une information insuffisante ou trop fiévreuse et à ce grave tort, si fréquent, de nos partis : juger la politique internationale d'un point de vue sentimental.

Certes, nos grands organes tâchent à être bien

---

(1) Ce sont les subsides allemands qui ont permis de paraître à des feuilles anarchistes imprimées à Barcelone, soit en espagnol, comme *Tierra y Libertad* ou *Solidaridad Obrera*, soit même en français, « pour pousser jusqu'au bout la ruse », par exemple : *La Vérité*. — L'on connaît assez bien aujourd'hui le rôle du *Banco Aleman Transatlantico*. L'on cite des sommes, et des destinataires, payés, — comble de fourberie! — en bonne monnaie de France, volée en Belgique et dans les départements occupés.

(2) Comment ne pas remarquer, toutefois, qu'il y a quelque marge entre ces articles, évidemment malhabiles mais de bonne foi, inspirés souvent par une sympathie alarmée, et des manœuvres comme celles qui amenèrent la chute du cabinet Romanones, ou même comme celles qui ont enveloppé depuis le cabinet Dato? Or, les ministres espagnols n'ont jamais jugé bon d'incriminer la presse germanophile.

informés. Ils ont tous à Madrid des correspondants que nous voulons croire pourvus des meilleurs dons, mais qui nous rappellent un peu les spéculateurs novices égarés à la Bourse de Paris, parmi les coulissiers, ahuris par l'effroyable vacarme, par les conseils antagoniques, tout à fait incapables, dès lors, de se recueillir pour aller, loin de la surface trépidante, chercher le fond solide où établir un jugement personnel et sûr.

Ainsi, les collaborateurs de nos journaux paraissent souvent hors d'état de se dérober à l'ambiance.

Ils sont trop près des événements, trop près des acteurs, trop impulsifs.

Que de fois, selon que leurs préférences les portent vers tel ou tel parti, n'entendent-ils que la voix de ce parti, laquelle peut fort bien proclamer, non pas la vérité, mais simplement le souci d'intérêts personnels! Que de fois prennent-ils un désir pour un événement!... Et puis, les mêmes termes de la langue politique, les mêmes classifications verbales n'impliquent pas toujours, dans les deux pays, la même réalité.

En juger autrement est une dangereuse erreur d'optique. C'est elle qui a induit certains Français à bâtir de si beaux châteaux en Turquie, en Bulgarie et en Russie. C'est elle qui a abusé, elle qui, fait plus déconcertant, continue d'abuser tant de beaux esprits chimériques sur la sozialdémokratie allemande.

La fraternité internationale des partis est un leurre par lequel il semble de prime abord impossible que se laisse tromper un historien, un politique, — disons même simplement : un homme d'instruction et d'intelligence moyennes. Ne voyons-nous pas, dans l'histoire de l'Angleterre, les conservateurs prendre parfois l'initiative des mesures le plus libérales?

La foi dans l'étiquette n'est qu'une superstition. L'étiquette vaut ce que vaut l'homme, et elle ne vaut que dans un pays donné, à une heure donnée.

En vertu des faits mêmes, la situation d'un républicain espagnol est actuellement opposée à celle d'un républicain français. Vivant dans une monarchie, l'Espagnol a pour idéal la révolution. Qu'il se nomme Lerroux, qu'il se nomme Domingo, il le proclame. Au besoin, il ne reculera pas devant la propagande par les bombes. Le républicain français, au contraire, est parvenu à la forme constitutionnelle qu'il a longtemps désirée. Il peut essayer de la modifier, de la perfectionner, mais il en défend l'existence contre les adversaires réactionnaires et révolutionnaires du régime.

Ce républicain français, si le leader des radicaux espagnols devenait Français lui-même et conservait ses actuels idéals, pourrait bien, sans tarder, proposer contre M. Lerroux des mesures sévères.

Voilà pourquoi, fils, petits-fils de républicains, ferme républicain nous-même, nous ne cherchons pas à exporter notre doctrine.

Assurément, le besoin de semer dans l'univers les idées que l'on croit justes part d'un noble sentiment. Mais n'entraîne-t-il pas une diminution du sens politique? Où est la vérité : du côté de François Ier s'alliant aux Turcs; de Richelieu, prélat catholique, s'alliant aux protestants d'Allemagne; de Louis XIV, neveu de Charles Ier, s'alliant au régicide, à Cromwell en personne; de la Révolution, — qui venait de décapiter Louis XVI, — s'alliant aux Bourbons d'Espagne ; ou bien du côté des Français choyant un Trotsky, dont la première parole, dès qu'il arrive au pouvoir, est celle-ci : « Je hais la France » ?...

L'un des thèmes où les publicistes parisiens ont puisé les développements le plus imprévus est celui de la neutralité espagnole.

Le manifeste de M. le comte de Romanones, remis au roi le 19 avril 1917, a inspiré à notre presse des commentaires que la simple lecture de ce document eût dû rendre impossibles. L'auteur ne l'a nullement rédigé dans un sens « interventionniste ». M. de Romanones en appelle à la politique internationale inaugurée en 1902, accentuée dans les traités de 1904 et de 1905, puis dans les déclarations de Carthagène en 1907 et en 1913 (*ainsi faisait déjà M. Maura, dans son discours du 21 avril 1915, au Théâtre Royal de Madrid*) (1), mais, dit-il, — *sin que*

(1) Deux ans plus tard, le 28 avril 1917, aux Arènes de Madrid, M. Maura, en flagrante contradiction avec soi-même,

esta politica implique en modo alguno intervenir en la guerra actual, — sans que cette politique implique aucunement une intervention dans la guerre actuelle.

Une interview du même homme d'Etat au germanophile *A B C,* le 4 juillet 1917 (1), laisse encore moins de place à l'erreur. En voici un passage :

« Interventionniste? non, cent fois non. Je répète aujourd'hui ce que j'ai répondu, certain jour, à un ambassadeur d'Espagne près du pouvoir le moins temporel du monde, et qui me faisait part des alarmes causées par une intervention possible de l'Espagne dans la guerre; je m'en souviens textuellement :

« — Votre Excellence peut démentir ces rumeurs de manière absolue et affirmer qu'il y a deux choses impossibles : l'une, que l'Espagne prenne part à la guerre; l'autre (2)... »

Sur le chapitre de la neutralité, le ministère Romanones et le ministère Garcia Prieto, qui l'a suivi, sont demeurés dans la voie tracée par le premier ministère Dato. Celui-ci a même été

---

a déclaré que l'Espagne doit revendiquer Tanger, ainsi que Gibraltar. Encore est-il beaucoup plus modeste que ceux de ses coreligionnaires politiques qui, sur la foi de vagues promesses allemandes, réclament le Portugal — et l'Amérique.

(1) Interview reproduite, le lendemain, dans le *Heraldo.* Déjà, le 29 décembre 1915, à propos d'un article où l'*Echo de Paris* exposait que l'Espagne devrait, tôt ou tard, sortir de sa neutralité, M. de Romanones prenait à partie M. Maurice Barrès et déclarait, non sans aigreur, que, « dans des questions de cette nature, ce bon littérateur devrait bien montrer plus de prudence ».

(2) Les points suspensifs figurent dans le texte. Il semble que cette bruyante interview ait passé inaperçue par nos journaux.

dépassé par les *libéraux*. C'est M. le comte de Romanones qui, le 13 décembre 1916, au nom de la neutralité, avait empêché M. Mæterlinck de parler, à la Maison du Peuple de Madrid, sur les malheurs de la Belgique (1).

Après la nouvelle chute de M. Dato, prenant à son tour pour la seconde fois le pouvoir, M. Garcia Prieto s'est exprimé en ces termes, le 9 novembre 1917 :

« Je tiens à le déclarer d'une manière catégorique : ce gouvernement suivra la politique de la neutralité, dans le même sens et avec la même portée que mon prédécesseur M. Dato. »

Sauf quelques rares *conservateurs*, amis fervents de notre pays, comme l'archevêque de Tarragone (2), comme Miguel de Unamuno (3), comme don J. Martinez Ruiz (4); sauf les jaimistes exaspérés, qui croient se voir en train de dépecer la France, tous les civils, d'une seule voix, crient : — Vive la neutralité! —

Ne soyons pas dupes des mots.

Le seul point qui divise la très grande majorité des Espagnols est une question de forme. (Nous verrons que, pour eux, elle a son importance!)

Les uns veulent la neutralité absolue; les

(1) *El Liberal* de cette date a publié *in-extenso* le texte de la conférence projetée.
(2) Cf. page 210.
(3) Cf. page 186.
(4) Cf. page 204.

autres, — toute l'opposition avancée de gauche, — une neutralité bienveillante aux Alliés.

— Et M. Lerroux? — dira-t-on.

Le retentissant meeting des gauches, aux Arènes de Madrid, le 27 mai 1917, il faut le juger sur les paroles qui y furent prononcées, et non pas sur des conclusions surtout destinées à l'exportation en France. Or la neutralité fut l'un des deux thèmes où se rencontrèrent tous les orateurs, à l'exception d'un seul, *un conservateur,* M. Miguel de Unamuno, lequel, à la vérité, menaçait de passer au camp républicain. Après un vibrant discours, franchement interventionniste, l'illustre helléniste de Salamanque s'écria, en guise de conclusion :

« Et maintenant, disons : vive l'Espagne libre et digne, *alliée* aux peuples libres et dignes et qui ne veut plus végéter mais avoir, elle aussi, une histoire, en travaillant pour tous et non plus seulement pour elle. »

Mais les autres?

M. Melquiades Alvarez, chef du parti réformiste, n'alla pas plus loin que la rupture *diplomatique* déjà mise en avant dans le manifeste de ce parti. Avec quelle force d'accent il déclara :

« Je vous dirai que nous autres nous ne voulons pas prêcher la guerre; nous ne voulons pas aller à la guerre. Ce sont des plumes éhontées et mercenaires vendues à l'or étranger qui prétendent le contraire.

Nous ne voulons pas la guerre, nous ne prêchons pas la guerre (1). »

Certes, au début des hostilités, M. Alejandro Lerroux proclamait nécessaire l'intervention armée aux côtés de la France. Mais cette attitude isolait son groupe du reste des gauches. Dans un but de coalition politique, il a donc transigé, avant le meeting, et faisait imprimer dans le *Progreso*, de Barcelone, le 18 mai 1917 :

« Le chef des radicaux était partisan de l'intervention militaire pendant la première année de la guerre, mais le moment opportun est passé pour prendre les armes aux côtés des Alliés, à moins cependant que l'Allemagne ne déclare la guerre à l'Espagne ou qu'elle ne donne pas satisfaction pour les crimes des sous-marins. En conséquence, l'intervention doit être *non pas militaire*, mais politique, diplomatique, économique. »

Cette petite capitulation peut surprendre, venant d'un homme qui n'est pas très facile à émouvoir : M. Lerroux ne conte-t-il pas volontiers que la première bombe lancée sur Paris par un avion allemand est tombée délicatement à ses pieds, et qu'il est demeuré impassible?

Pareil à l'amour, l'intérêt politique serait-il plus fort que la mort?

---

(1) Dans une interview publiée par le *Diario Universal*, le 27 septembre 1915, M. Melquiades Alvarez estimait que l'Espagne doit, à tout prix, maintenir sa neutralité que désirent également, assurait-il, la France et l'Angleterre.

Par parenthèse, il prédisait alors que M. Dato resterait au pouvoir tout le temps que durerait la guerre...

Bref, nous ne voyons pas très bien quelle importance accorder à la si platonique rupture (1).

M. Maura, dont nous sommes grandement loin de partager les opinions, n'en faisait-il pas la plus judicieuse, la plus spirituelle, la plus acerbe critique, lorsqu'il disait, dans son discours du 29 avril 1917 :

« Et ceux qui, feignant de respecter, ou respectant, la volonté nationale, ne nous demandent que de nous déclarer pour un groupe, sans aller à la guerre, nous suggèrent cette question : alors, si nous n'allons pas combattre, où allons-nous donc? Et dans quel but? Quelle nouvelle coopération pouvons-nous apporter? »

Car, pour M. Maura, la neutralité loyale de l'Espagne est un précieux appui apporté à la France, qui a pu ainsi ne pas se préoccuper de la frontière pyrénéenne, « ce qui n'est pas un petit souci de moins, ce qui n'est pas un petit soulagement (2) ».

---

(1) Cet interventionnisme à la guimauve a pourtant suffi pour agiter les germanophiles. L'organisation ouvrière catalane, représentant trente-quatre associations, publiait, le 26 mai, une protestation qu'elle terminait ainsi : « En conséquence, l'organisation ouvrière catalane, ferme dans son propos, ennemie de toute guerre, sans être dominée par aucune *philie* ni par aucune *phobie*, et conséquente dans ses principes, déclare : plutôt la révolution que l'intervention. »

Le parti radical-conjonctionniste, dont le chef est M. Rodrigo Soriano, faisait afficher, le 25 mai, un manifeste pour convoquer ses affiliés à protester, à l'heure du meeting, contre MM. Melquiades Alvarez et Lerroux « qui poursuivent le criminel et antipatriotique dessein de nous conduire à la guerre ».

Le Gouvernement n'autorisa pas cette manifestation.

(2) Traduit par les journaux français : « Ce qui n'est pas une petite imprudence. » Il semble qu'en général notre

Oui, internationalement, la rupture *diplomatique* serait peu de chose. Mais pour M. Lerroux, mais pour son groupe, il n'en va pas de même; comme l'a proclamé le chef du parti radical, elle ne permettrait plus à Alphonse XIII « d'usurper les attributions de la Croix-Rouge et de faire la sœur de charité ».

Que voilà des paroles inquiétantes! Après les avoir entendues, n'est-il pas inévitable que l'on se demande si le surcroît d'universelle sympathie gagné par le roi dans son œuvre de charité, si humaine, si admirable, si magnifiquement organisée, n'impatiente pas les ennemis du trône? N'est-ce pas cette impatience qui dicte leur désir étrange d'une *rupture sans la guerre?*

L'Espagne *moralement* aux côtés des Alliés, c'est beau comme formule, mais d'une foi médiocrement active.

D'autant mieux que le thème où tous les orateurs communièrent fut celui de l'attaque au roi. M. Unamuno prononça des paroles relativement modérées, que ses convictions rendaient néanmoins très dignes de remarque :

« Nous croyons tous, dit-il, que le roi est utile, très utile, tout à fait utile encore; mais il n'est pas indispensable, encore moins irremplaçable. »

Quant aux autres, leur violence, longuement acclamée, ne connut pas de frein.

Censure n'entende pas très bien le castillan, même le plus élémentaire. Nous en dirons autant des agences. *Radio* traduit couramment par *cartes* le mot *cartas*, qui signifie : *lettres*.

« Si quelqu'un nous barre la route, s'écria M. Melquiades Alvarez, pour haut qu'il soit, ce quelqu'un disparaîtra, n'en doutez pas. »

Dans son discours, le député Lerroux donnait le véritable sens et la portée de cette réunion; il proclamait sans détour qu'il ne voyait dans la guerre que le problème des droites et des gauches, annonçait le meeting de Barcelone, — qui ne devait pas avoir lieu, — et, montrant la tribune royale, proférait ces mots :

« Regardez cette tribune; c'est la souveraineté royale qui en est absente et, dirons-nous, absente pour toujours, comme en Russie, sans que les troubles nous effraient; car nous préférons un pays livré durant un certain temps aux plus grands troubles, s'il doit ensuite recouvrer l'intégrité de sa souveraineté, au fait d'appartenir à un régime où la Constitution est annulée, comme l'a déclaré, dans le dernier meeting, M. Maura lui-même. »

Enfin, il engageait ses auditeurs à déployer l'étendard de la révolte et annonçait une ère politique nouvelle pour la patrie espagnole (1).

De même que le meeting de l'extrême-droite (29 avril 1917), le meeting des gauches, ou plutôt de l'extrême-gauche (27 mai 1917), apparaît donc essentiellement comme l'œuvre d'une minorité qui s'occupe de la catastrophe européenne uniquement dans un but de politique in-

(1) L'on pourra trouver le texte sténographique des discours prononcés au meeting du 27 mai dans le supplément au numéro 13.707 du journal *El Liberal*.

térieure. Le caractère égoïste en est tout à fait flagrant.

La réunion fut beaucoup moins l'effet d'un mouvement favorable aux Alliés qu'une violente manifestation antidynastique (1). L'éloge incident et machiavélique de nos « poilus » devait, dans la pensée des orateurs, leur valoir un appui naïf de la France et leur aider à ébranler la royauté.

Combien de journalistes français y ont-ils réfléchi, avant de prendre parti et d'écrire leurs commentaires?...

Les élections législatives viennent d'avoir lieu (24 février 1918).

Le gouvernement s'est longuement préoccupé d'assurer la sincérité et la moralité du vote. En un pays où le grand électeur — le *cacique* — représente le second pouvoir de l'Etat, l'œuvre n'était pas commode.

Une circulaire caractéristique du ministre de l'Intérieur, le nombre des résultats contestés — et celui des coups de feu, — semble indiquer la continuation des vieilles pratiques.

---

(1) Dans *El Imparcial* du 29 mai, le chef des réformistes disait, avec une subtilité qui eût déplu à Pascal : « de *possibilité* antidynastique ». — Remis de leur alerte, et vivement satisfaits, les journaux germanophiles ont exploité ce caractère du meeting. L'un d'eux constatait : « Sauf quelques rares exceptions, l'on n'y a fait que de la propagande républicaine. Le courage, surabondant pour médire de la monarchie, a fait défaut pour aborder carrément le thème international. »

Parmi les blessés, on compte un des chefs du parti radical, M. Rodrigo Soriano, atteint, en plein visage et au cou, par deux balles de revolver, dans la nuit du 16 février, à Valence.

Un autre fait montrera mieux encore le degré d'imprévu où atteignent les mœurs électorales outre-Pyrénées.

Le 14 février, l'on a arrêté le propre maire de Salobreña, M. Paulino Ruiz, chef d'une troupe d'hommes armés qui avaient tiré, la veille, sur un candidat gênant : M. Romero Cicantos...

Les sièges ont été plus disputés. Avant les précédentes élections, 153 députés avaient été proclamés élus, en vertu de l'article 29, comme n'ayant pas de concurrent. Avant le 24 février, le nombre de ces élus s'est réduit à 56.

Le scrutin n'a rien donné de bien net, sauf la défaite des républicains qui se croyaient le plus sûrs du succès.

Dans un meeting des gauches, le soir du 7 février, au théâtre de la Maison du Peuple, M. Pablo Iglesias, le leader du parti socialiste, déclara que, s'il n'y avait pas moyen de faire disparaître le régime sans effusion de sang, il faudrait faire appel à tous les procédés; c'est la thèse chère à M. Lerroux, qui la reprit, l'amplifia et parla clairement de la probable abdication du roi; il se voyait déjà non pas simple député, mais chef du pouvoir; il dit :

« Je ne suis pas ennemi de l'armée, parce que *c'est avec elle que je gouvernerai à l'avenir;* mais si cette armée ne fraternise pas avec la démocratie et avec le peuple, *je licencierai cette armée.* »

M. Melquiades Alvarez était d'avis, lui aussi, qu'il fallait faire appel à la force : « la révolution est une nécessité quand la volonté populaire se trouve soumise à d'autres pouvoirs » (?); comme M. Lerroux, il voulait dissoudre l'armée, si l'esprit de cette armée ne s'identifiait pas avec le peuple.

Indisposé, M. Castrovido ne put assister à la réunion. Il se dédommagea de ce silence dans un autre meeting, le 18 février :

« Nous n'avons pas, dit-il, de programme pour Madrid. On nous accuse d'être « interventionnistes », mais c'est inexact. Nous ne sommes pas « interventionnistes ». Le plus bel éloge que l'on ait fait de notre candidature, c'est de l'appeler la candidature de la révolution. *Etre révolutionnaire est ce qu'il y a de plus humain.* »

Sur ce programme si précis, terriblement analogue à celui des maximalistes russes, « l'aliadophile » M. Roberto Castrovido a été envoyé à la Chambre par Madrid, en même temps que le germanophile suraigu M. Jacinto Benavente.

M. Lerroux et M. Melquiades Alvarez n'ont pas été réélus. Des organes modérés français ont gémi sur cet échec et envoyé aux deux candidats malheureux l'assurance de notre constante amitié, dans des termes qui n'ont peut-être pas été du goût de tout le monde.

Après le peu que nous venons de dire sur la position prise par le parti républicain espagnol, avec la trop grande brièveté où nous contraint un espace limité, l'on saisira la maladresse.

Que les républicains espagnols cherchent à prendre un point d'appui dans la France républicaine, rien n'est plus naturel. Cependant, nous devons examiner avec calme s'ils ne nous demandent pas plus d'aide, — beaucoup plus d'aide qu'ils ne nous en apportent, et nous montrer réservés à leur égard. D'autant plus que, sans doute à son insu, il semble bien que presque toute l'extrême-gauche espagnole, et non pas seulement le groupe de M. Soriano, ait été manœuvrée par l'Allemagne, universelle fautrice de troubles. Ces hommes ont cru agir de leur propre gré, pour leur idéal bon ou mauvais, et ils étaient agis (1).

Crise des transports, crise économique, grève générale, mutinerie de l'armée, révolution, tel était le programme de Berlin et du prince Ratibor, — et, sans un ministre énergique, peut-être se fût-il réalisé.

Si donc il paraît logique, en somme, que notre extrême-gauche suive sympathiquement

(1) Dans une feuille libérale, qui a toujours soutenu la gauche avancée, le *Heraldo* du 5 mars, nous lisons, sous la signature de M. Manuel Bueno, un article intitulé *l'Action germanique*, lequel vient corroborer singulièrement notre point de vue. « Comment, s'écrie l'auteur, ont-elles pu tomber dans ce piège grossier, des personnalités de l'extrême-gauche qui sont, par principe, si ostensiblement opposées à la cause germanique, que personne ne peut mettre en doute leur bonne foi? » Mais il faudrait citer tout l'article. Et le *Heraldo*, comme on le verra plus loin, peut faire lui-même un robuste *meâ culpâ*.

les efforts de l'extrême-gauche espagnole, il importe que cette sympathie soit à la fois très discrète et très prudente; il importe qu'elle n'ait pas l'air d'aller jusqu'à tendre la main à des insurgés pour se solidariser avec eux. Ce ne sont pas des inclinations personnelles qui sont ici en jeu, mais bien l'intérêt de la France...

Un de nos députés-journalistes s'est pris d'un bel enthousiasme pour M. Cambo, chef des régionalistes catalans. Il partage ce sentiment avec M. Maura, chef de l'extrême-droite et germanophile à peine voilé : c'est aux faiblesses de M. Maura que M. Cambo doit beaucoup de son influence.

Le lyrisme de notre représentant n'a plus connu de limite lorsque M. Cambo a proclamé, au nom des intérêts de la Catalogne, la nécessité de conclure un accord commercial avec la France. Quel admirable francophile, que ce M. Cambo!

Mais, vers le milieu de février, la *Epoca*, organe conservateur, est allée beaucoup plus loin dans cette voie circonstancielle. D'autres journaux, de nuances diverses, en ont fait autant. C'est la nécessité absolue qui a parlé. C'est la poussée, à la fois, des producteurs et des consommateurs qui a mis en mouvement la presse et les milieux politiques. Tout le monde avait hâte d'échapper à l'*asphyxie*, — au suicide (1).

(1) Cf. page 176.

« Nous ne pouvons pas, disait la *Epoca,* nous résigner à vivre ainsi au jour le jour. Laissons de côté *philie* et *phobie,* si nous ne voulons pas léser les intérêts nationaux. Le gouvernement engagerait gravement sa responsabilité à différer davantage ses résolutions. »

Tant qu'il a pu, néanmoins, il les a différées.

C'est qu'il comptait trois germanophiles notoires, dont deux au moins étaient imposés au choix de M. Garcia Prieto par le francophile (?) M. Cambo.

Or ça, que pense notre fougueux député de certaines déclarations sur la Belgique? N'est-ce pas M. Cambo qui a blâmé l'héroïque pays d'avoir arrêté l'élan de l'envahisseur, alors que ses intérêts matériels eussent trouvé leur compte à nous laisser écraser (1)?

M. Lerroux est l'irréconciliable adversaire de

---

(1) Quel abîme entre cet esprit mercantile, exclusif du sentiment, et le fier langage des catholiques espagnols dans leur adresse au Recteur de l'Université de Louvain, adresse dont nous citons un paragraphe à la page 206, ou encore ces nobles paroles du républicain anticlérical M. Benito Pérez Galdos, publiées par la revue *La Esfera,* en 1915 :

« Dieu veuille que nous voyions bientôt la malheureuse Belgique restaurée; puissent les Belges qui ont résisté à l'invasion des barbares rentrer bientôt dans leurs foyers; puisse cette nation si honnête et si laborieuse donner bientôt une nouvelle activité à ses usines et à ses ateliers; puissent les villes de Malines et de Louvain se relever de leurs ruines et édifier de nouveaux monuments qui continuent leur histoire sanctifiée par le martyre! S'il en était autrement, nous douterions de la justice humaine et même de la justice divine. »

M. Cambo et de M. Maura. Néanmoins, ce sont extrêmes qui se touchent, qui se rejoignent parfois en une action sociale dissolvante. Les pensées qui s'agitent dans la belle tête fine et blanche de M. Maura, sous le masque brun énergique et les regards fulgurants de M. Cambo, dans le crâne puissant, au front large, de M. Lerroux, ces pensées, trop personnelles, peuvent être dommageables à l'Espagne, dont les intérêts sont liés aux nôtres. L'Allemagne eût donné beaucoup d'or pour induire ces trois hommes à provoquer, comme ils l'ont fait de leur propre mouvement, les événements de 1917.

Que d'autres, donc, se déclarent les amis de l'une quelconque de ces trois personnalités politiques.

Le bon sens nous paraît commander que les Français qui aiment l'Espagne, — que les Français qui, simplement, songent à leur pays, — que tous, *à quelque nuance qu'ils appartiennent,* ne soient, au delà des Pyrénées, que les amis du roi et les amis des amis de l'ordre.

Dupes déjà des Jeunes-Turcs, des Jeunes-Bulgares, des Jeunes-Russes, que les partisans imprudents des révolutionnaires étrangers redoutent de l'être un jour aussi des Jeunes-Espagnols.

Si, à dessein, nous accusons fortement certains traits dans ces notes, c'est pour mieux faire entendre à nos lecteurs des conseils de sagesse, pour leur montrer avec plus de clarté le tort des Français qui s'attachent exclusivement à tel parti, à tel groupe, à tel homme politique d'Espagne.

L'impulsion est venue de la presse parisienne.

Dès le début, avec un assez bel ensemble, elle a adopté une classification d'une intelligibilité parfaite : en Espagne, les gauches sont francophiles; les droites et le clergé sont germanophiles. Voilà qui est net, à la portée de tous les esprits. Malheureusement, par ces vues simplistes, dont le moins que l'on puisse dire, c'est qu'elles expriment une méconnaissance absolue de la situation, nous n'avons pas contribué à former un bloc des amitiés que nous comptons à peu près dans tous les camps (1).

---

(1) Nous pourrions écrire dans tous si, dans le parti carliste, le plus divisé, le plus en proie aux dissensions, les Jaimistes en quelque sorte *unifiés*, les *extrémistes* du groupe, pour employer le jargon du jour, n'obéissaient pas militairement aux inspirations du prince Ratibor. Dans le *Correo Español*, leur organe, n'a-t-on pas vu M. J. Vasquez de Mella, le grand homme du parti, orateur furieusement creux et sonore, par là même fort écouté des masses peu lettrées, vouloir exiger pour son pays les Pyrénées-Orientales, parce que, dans ce département français, l'on parle catalan? A la grande indignation de M. Vasquez de Mella, le gouvernement espagnol crut devoir mettre le holà. Ce n'était point la peine. Le proverbe andalou ne dit-il pas à merveille :

Ni son todos los que estan
Ni estan todos los que son?

(Que de gens qui ne sont pas enfermés, qui le mériteraient plus justement que bien des pensionnaires!)

Pour des raisons de haute convenance, nous supprimons une note relative à un autre rédacteur du *Correo*, M. Ciriel Ventallo, un des plus fougueux ennemis de la France. Il est mort. Reconnaissons qu'il employait un réel talent à échafauder et à soutenir des paradoxes favorables à l'Allemagne.

La première condition, pour aboutir à un résultat favorable, n'eût-elle pas été, ne serait-elle pas encore de n'exporter en Espagne que notre « union sacrée », d'éviter d'avoir l'air de nous immiscer, en un sens quelconque, dans les querelles des partis de la Péninsule?

Sauf M. le comte de Romanones, — porté parfois, peut-être, à exagérer le souci de la neutralité stricte, — sauf M. Dato, le plus pondéré des représentants espagnols, ce n'est pas un seul mais bien tous les *prohombres* (leaders) que guident ou paraissent guider, la plupart du temps, des préoccupations égoïstes, non seulement dans leurs actes de politique intérieure, mais encore, et surtout, dans la manifestation de leurs sympathies internationales.

Ces réserves faites, au nom de l'intérêt supérieur de la France et de la cordialité désirable entre les deux pays, nous ne voudrions pas que l'on pût se méprendre sur le fond de notre pensée et croire que nous mésestimons certains mérites.

Des chefs comme ceux dont nous venons d'indiquer sommairement quelques idées inquiétantes pour nous, s'ils ont conquis une si grande influence sur une part de l'opinion espagnole, c'est qu'ils ont une personnalité accusée, une indéniable originalité.

M. Maura est peut-être l'homme de sa nation le plus capable de s'évader de la routine, le plus à même d'atteindre de hautes et fécondes idées. M. Cambo, louvoyant par tactique sur les questions de politique générale et de politique internationale, met au service des théories qui lui sont chères une très ferme, une très puissante volonté; c'est par son énergie singulière qu'il s'impose. M. Lerroux... Mais à quoi bon continuer cette revue?

Chacun de ces hommes, de M. Lerroux à M. Maura, en passant par M. Garcia Prieto, représente une force nationale.

Si, au lieu de penser et d'agir surtout conformément aux intérêts immédiats de leur parti, dépouillant tout égoïsme, s'inspirant de l'heure grave, ils s'unissaient pour l'essor de leur patrie, l'Espagne ne tarderait pas à apprécier le bienfait de leur attitude nouvelle, — et la France, par contre-coup.

Conjuguées, ces intelligences percevraient mieux la réalité. Partant, elles consacreraient leur ardeur à poursuivre ce qui importe à l'avenir de la Péninsule. On les verrait se cuirasser d'un triple airain contre l'action directe ou indirecte de nos ennemis, lesquels sont aussi les leurs. Justement méfiantes, elles éviteraient, avec un soin toujours en éveil, les occasions nouvelles de discorde.

V

LES AMITIÉS ESPAGNOLES

Les volontaires; les médecins; les industriels. — Tendances diverses des intellectuels et du clergé. — Les cléricaux et les catholiques. — L'adresse au Recteur de l'Université de Louvain. — M. Armando Palacio Valdés. — Mgr Lopez Pelaez. — Un billet de M. Miguel de Unamuno. — Le roi.

Plusieurs milliers d'Espagnols se sont engagés sous nos drapeaux, dès la première heure : il est impossible de douter de leur amour pour notre pays, de ne pas les aimer eux-mêmes, de ne pas leur être profondément reconnaissant de leur agissante sympathie.

Combien sont morts déjà! D'autres, leurs blessures les ont écartés de la bataille. Ceux que la destinée a épargnés — à peine le dixième de ces volontaires! — respirent un sacrifice vengeur.

Le déjeuner de la fourragère rouge, le 23 décembre 1917, a attiré l'attention sur ces combattants du 1er régiment étranger, aussi modestes que braves, dont les exploits, qui sembleront un jour de la légende, font pâlir ceux des épopées le plus fantastiquement héroïques; la gravure a popularisé ce cri que les trois cents glorieux convives ont jeté en réponse au député M. Pierre Rameil : *No pasaran!* Ils ne passeront pas!

La France ne doit pas, la France ne peut pas oublier cette dette.

A Paris fonctionne un hôpital espagnol. A Toulouse, à Biarritz, ailleurs encore, des praticiens espagnols consacrent aux soldats français toute leur science, tout leur dévouement. De nobles femmes rivalisent avec eux. La croix de chevalier de la Légion d'honneur que M. Joseph Thierry a remise, avec une lettre de M. le Président de la République, à Mme la duchesse de Tamames, le 26 janvier 1918, a souligné un exemple non isolé de magnifique charité. Mme de Tamames ne se contentait pas d'apporter à l'hôpital franco-espagnol du casino Bellevue, à Biarritz, une aide généreuse; pendant plus de trois ans, jusqu'à l'heure où un deuil cruel l'a frappée, elle n'a pas cessé de donner sans compter ses soins à nos soldats; elle ouvrait à la fois sa fortune et son cœur...

Nous ne voulons point parler des négociants. L'on nous dirait qu'ils n'ont songé qu'à s'enrichir par leur trafic. L'on nous rappellerait peut-être certaines affaires où les scrupules n'ont guère eu de part, les chaussures, pour n'en pas citer d'autre : ces échantillons séduisants au cuir tiré du flanc de l'animal, et puis la grosse fourniture où le cuir, quel qu'il fût, brillait surtout par son absence à l'empeigne, à la tige, au contrefort, et, plus encore, à la semelle (1).

Non. Bien que certains de leurs concurrents français ne soient malheureusement pas en droit de leur jeter la première pierre, ne parlons pas des négociants...

Mais l'industrie, comment la passer sous silence? Comment omettre les gros services rendus à notre aviation par les moteurs de la Hispano-Suiza?...

C'est parmi les hommes cultivés de tous les camps que la France compte le plus d'amis sincères. Comme en politique, gardons-nous cependant de généraliser : ici encore un jugement d'ensemble constituerait une erreur.

Des divergences, analogues à celles que nous avons relevées dans les différents partis, éclatent parmi les savants, les écrivains, les ecclésiastiques.

A Barcelone, un dramaturge catalan, M. Santiago Rusiñol, agit et son groupe agit en faveur

---

(1) Le 20 février 1918, plusieurs conseils municipaux des Baléares, les îles si favorables aux sous-marins allemands, se sont réunis pour tâcher d'obtenir que, dans le traité de commerce négocié avec la France, soit comprise l'exportation de la chaussure espagnole. « On pourrait occuper ainsi 4.000 ouvriers sans travail. »

Espérons qu'il s'agit, cette fois, d'une fabrication consciencieuse, car la première fourniture a laissé, dans l'esprit de certains négociants parisiens, une mauvaise impression difficile à combattre...

de la France. Mais à Madrid nous combat un dramaturge castillan, non des moindres, M. Jacinto Benavente, que de troubles élans portent vers l'Allemagne (1).

En face d'un romancier francophile comme don Vicente Blasco Ibañez, l'auteur des *Quatre Cavaliers de l'Apocalypse,* œuvre si souvent démarquée déjà par de médiocres feuilletonistes français, se dresse, hérissé de la plus combattive germanophilie, un Pio Baroja.

Si des prélats tels que l'archevêque de Tarragone, les évêques de Pampelune et de Vittoria, sont heureux de publier leur franche sympathie pour nous, d'autres n'hésitent pas à signer des manifestes d'une francophobie aiguë.

Dans la même Université, deux professeurs ont des opinions différentes sur le conflit, et l'*Ateneo* de Madrid a retenti, en 1917, de controverses passionnées, — parfois terminées par des pugilats.

Bien mieux. N'est-ce pas dans l'un des organes officiels des germanophiles — dans *A B C!* — que le député-académicien don J. Martinez Ruiz, essayiste, moraliste et journaliste du plus réel talent, a si chaudement plaidé la cause de la France, — la cause même de l'intervention espagnole à côté des Alliés? Or, par surcroît, — nous disons ceci pour les Français à opinions

(1) M. Jacinto Benavente, nous le rappelons, a été élu député par Madrid, le 24 février 1918.

préconçues, — Azorin, pseudonyme adopté par lui, n'est-il pas un déterminé conservateur?

Nulle part il n'y a unanimité dans un sens ou dans l'autre. Tout est soumis au sentiment — ou aux intérêts. Tout est subjectif.

Nous croyons devoir y insister d'autant plus que, même des esprits judicieux et pénétrants, épris de vérité, mais, à leur insu, entraînés, peut-être, par l'opinion commune, font un bloc des catholiques espagnols, qu'ils estiment tous férus de l'Allemagne.

Les cléricaux, oui, détestent avec emportement la France, qu'ils souhaitent démembrée, et se refusent à voir dans la République Française autre chose que corruption, esprit sectaire, persécution religieuse. Mais ils ne forment pas l'ensemble des catholiques. Ils ne sont pas non plus l'ensemble du clergé.

Quels sont les éléments cléricaux?

Tout d'abord, les congrégations. Nous disons : les congrégations espagnoles. Car les autres, celles qui ont été expulsées de France, ont travaillé, continuent de travailler avec ardeur pour leur pays. Elles ont fondé, dans plusieurs villes, des écoles prospères (1). La clientèle qu'elles recrutent est sauvée du *Colegio Aleman* et de ses futures succursales : elle est sauvée de la propagande germanique.

---

(1) Notamment, à Saint-Sébastien, le collège San Bernardo. C'est une aide apportée à l'œuvre des établissements laïques français, trop peu nombreux dans la Péninsule.

Est clérical, aussi, le petit clergé, qui subit fortement l'ascendant des ordres réguliers, et domine, à son tour, la masse des dévots.

Il n'est pas, au delà des Pyrénées, que des voix cléricales. Dans le haut clergé, qui possède plus de lumières et plus d'indépendance, et parmi les croyants, il faut faire un départ. Les voix vraiment catholiques sont d'une essence précieuse.

Peu après le manifeste des intellectuels, — manifeste dont les auteurs avaient noblement choisi, pour le publier, un moment où notre situation militaire pouvait sembler angoissante, — les catholiques envoyèrent une adresse au Recteur de l'Université de Louvain, le jour anniversaire de l'incendie.

Ah! ceux-là : prêtres, hauts magistrats, universitaires, écrivains, députés, ils n'avaient pas, ils ne faisaient pas semblant d'avoir l'obsession de la statue élevée en Belgique à Ferrer! Ils parlaient haut et clair, en croyants et en juges :

« L'incendie de l'Université de Louvain a mérité et méritera éternellement l'exécration de tous les hommes qui ne se résignent point à admettre la suprématie de la force sur le Droit, — qui entendent, au contraire, que la force doit être toujours l'esclave et l'instrument inconscient que réclame l'esprit pour réaliser la mission que Dieu lui a marquée en ce monde. Si un pareil outrage demeurait sans protestation et sans réparation, il faudrait confesser que les sentiments du bien et de la justice ont disparu du cœur humain et que les sociétés modernes, loin d'acheminer l'homme vers un état de perfection qui lui rende plus facile l'accomplissement de sa destinée providentielle, le font reculer jusqu'à des époques qui furent l'opprobre de l'histoire de l'humanité. »

Voilà qui peut consoler de bien des vilenies.

En cette même fin de 1915, l'un des plus grands romanciers de l'Espagne contemporaine, l'un des inspirateurs, aussi, du manifeste des intellectuels, M. Armando Palacio Valdés, écrivait ses *Considérations sur le conflit.* Par une attention délicate, il tint à les publier tout d'abord en français, avant de les donner à la *Correspondencia de España.*

Lui, catholique convaincu, parlait ainsi aux autres catholiques espagnols :

« Contre la France, on lance l'argument religieux. Cette nation qui a décrété la séparation de l'Eglise et de l'Etat, cette nation qui a expulsé les Congrégations mérite, selon nos germanophiles, un châtiment exemplaire.

« Ils oublient un peu vite qu'en France la grande masse du peuple est catholique et, actuellement, par sa libre volonté, sans l'aide du Trésor, soutient le culte catholique avec la même pompe qu'auparavant. Personne, jamais, n'a rendu le peuple français responsable des sanglants excès de la Convention. Pourquoi le rendre responsable, maintenant, des dispositions d'un ministre anticlérical?

« Ils oublient, ces hommes, ou, plutôt, ils veulent oublier, que, dans cette France impie, la pensée chrétienne rayonne d'une lumière merveilleuse qui se répand dans le monde entier; qu'il y existe, à l'heure actuelle, non seulement un groupe de philosophes spiritualistes, avec un Boutroux à sa tête, qui livre, sur le terrain de la pensée, de glorieuses batailles contre les savants matérialistes de l'Allemagne, les Wundt, les Haeckel et les Ostwald, mais encore une phalange d'éminents apologistes catholiques, prêtres pour la plupart, dont les livres servent de consolation à tous les croyants de l'Europe!

« Ils oublient que beaucoup de ces prêtres combattent aujourd'hui dans les tranchées d'Alsace et dans celles de Flandre, et que c'est avec une stupéfaction douloureuse qu'ils entendent les injustes reproches lancés contre leur patrie par beaucoup d'Espagnols qui se targuent d'être catholiques (1)... »

A la bonne heure, cher don Armando! Et n'est-ce point vous aussi qui nous disiez que, sollicité par un journaliste parisien d'écrire un article intitulé : *Pourquoi j'aime les Français,* vous lui aviez répondu :

« Pardon, je ne puis faire cet article. En effet, j'aime votre pays, — et j'écrirai, si vous voulez, *Pourquoi j'aime la France,* — mais quant aux Français, j'aime certains d'entre eux, je ne les aime pas tous. N'oubliez pas la parole de Molière : « l'ami du genre humain n'est pas du tout mon fait! »

Des deux côtés des Pyrénées, englobant tous les individus, une entité se dresse, en qui se fondent toutes les nuances, toutes les disparates, et qui est celle que l'on aime. Vous aimez la France, cher et illustre ami, et vous savez combien nous aimons votre Espagne. Mais dès

(1) *Le Gaulois,* numéro du 5 septembre 1915.

qu'il s'agit des hommes, vous entendez, tout comme nous, et quelle que soit ailleurs la divergence de nos opinions personnelles, conserver la liberté de votre choix, de votre appréciation. Vous demandez à pouvoir éliminer. Vous ne jugerez pas plus la France sur Bazaine ou sur le *Bonnet Rouge* que nous ne jugerons l'Espagne sur Godoy ou sur les élucubrations du *Correo Español.*

Oui, au-dessus des soucis trop matériels qui paraissent agiter seuls la masse, une chose vit, que certains, trop pris dans la gangue des intérêts, croient effacer en la qualifiant ironiquement de poésie, de rêverie, voire de délire, une chose à laquelle participent, à leur insu, presque toutes les unités de la race : c'est l'émanation des instincts profonds, concrétisée, rendue visible à tous par les chefs-d'œuvre de la littérature. Chaque pays vit d'une idée. L'Espagne, au sang ardent et généreux, a jeté dans le monde moderne celle de l'honneur, qui pourrait être la pierre de touche pour la noblesse d'une nation, car certains peuples ne la comprendront jamais. La France a créé l'idée plus austère du devoir. C'est dans cette idée qu'elle puise sa force la plus sûre et sa véritable unité. C'est *le devoir* qui fait que les « poilus » actuels meurent comme mouraient les compagnons de Roland et le preux chevalier lui-même dans la vieille chanson de geste...

Nous pourrions citer plusieurs autres témoignages très nets de l'amitié clairvoyante des catholiques espagnols. Mais nous avons hâte d'en venir aux importantes déclarations de l'archevêque-sénateur de Tarragone.

Voici comment il répondait à l'envoyé du *Herald*, au début de l'année 1917 :

« Je ne puis cacher ma sympathie et mon amour pour la France, non plus que mon regret qu'une partie du bas clergé, en Espagne, ait accepté les idées germanophiles, et manifesté des tendances germanophiles, quoique ce mouvement, à vrai dire, ait été exagéré à l'étranger par des personnes qui ignorent la situation réelle de l'Espagne...

« *J'ai défendu au clergé sous mes ordres de faire des manifestations contre la France et d'exprimer, au sujet de la guerre, des idées germanophiles...* »

En août 1917, dans une nouvelle interview, l'éminent prélat s'exprimait ainsi :

« J'ai la plus grande affection pour la France, pour ce noble pays; le courage de ses enfants m'inspire une admiration sans bornes.

« *Dites bien que je fais les vœux les plus ardents pour le triomphe de la cause française, qui est celle du droit et de la justice.* Je souhaite du plus profond de mon cœur que la paix par la victoire vienne couronner les efforts de l'admirable peuple français.

« *L'Espagne aurait dû se ranger du côté de l'Entente.* Ceci me paraît évident, mais, malheureusement, l'opinion de ce pays est très divisée, aussi bien sur les affaires extérieures que sur la politique intérieure. Nous manquons d'unité de vues. C'est désolant à constater, surtout à une époque d'exaltation patriotique comme celle que traverse le monde et alors qu'est prêt à surgir un idéal humain plein de promesses pour l'avenir. »

Enfin, après une visite au front français, Mgr Lopez Pelaez a écrit, pour l'*Echo de Paris* (1), les impressions suivantes :

« Tout mon être est ébloui de clarté : l'approche du sublime est dangereuse et après cette visite au front, mon âme est lasse comme le sont les yeux après avoir trop longtemps contemplé le soleil.

« Cette visite aux soldats de France, je l'avais souhaitée d'autant plus ardemment qu'elle allait me permettre de voir de près ce que je n'avais fait que deviner, et très imparfaitement, à force d'amour et d'admiration.

« La réalité a dépassé toutes mes prévisions : j'ai trouvé une population fervente et recueillie, mais aussi pleine de courage, et une armée indomptablement forte. La France, dispensatrice des libertés humaines, champion du Droit, protectrice des humbles, la France immortelle m'est apparue dans toute sa grandeur.

« Ah! si certains de mes compatriotes pouvaient venir ici, comme ils agiraient, comme ils parleraient différemment! Tout d'abord, comment peut-on douter des sentiments religieux du peuple français? ce peuple je l'ai vu agenouillé au pied des autels, priant pour ses morts et demandant à Dieu la victoire. J'emporterai de ce spectacle un souvenir inoubliable.

« Mon voyage sur le front, où j'ai été l'objet des attentions les plus courtoises, fut pour moi une véritable initiation aux œuvres de douleur et de gloire. Les souffrances des populations, si cruellement éprouvées par la barbarie allemande, m'ont profondément affecté. Les Impériaux ont violé, au cours de cette guerre, toutes les lois divines et humaines. Les destructions accomplies sans aucun but militaire, les bombardements consécutifs imposés à cet admirable joyau qu'est la cathédrale de Reims, méritent un châtiment exemplaire.

(1) Numéro du 5 novembre 1917.

« Après Reims la désolée, nous fûmes à Verdun, et là j'allais avoir l'honneur de vivre pendant quelques heures parmi les soldats français.

« Je me souviendrai toujours du cimetière de Bevaux, où j'ai béni une grande croix portant ces mots : *Pro Patria.* C'était par un temps gris, la nature s'était drapée de voiles de deuil, et pourtant, malgré la tristesse du lieu et de l'heure, au-dessus de ces tombes et parmi le grand silence de la mort, qu'interrompait parfois la voix grave du canon, au-dessus de ces champs dévastés flottait comme une immense espérance. Bien des braves, priant autour de moi, ont dû éprouver ce même sentiment tandis que je bénissais la grande croix du cimetière de Bevaux.

« Mais si, à certaines heures graves, le soldat français sait se recueillir, il est aussi plein de gaîté, lorsqu'on fait appel à sa bonne humeur; c'est là, peut-être, le trait typique de son caractère. J'ai vu de farouches guerriers installés devant un guignol de campagne et riant à gorge déployée, comme de grands enfants. Voilà un excellent indice de santé morale et de force. J'ai remporté du front l'impression très nette qu'avec de pareils soldats la France est assurée de la victoire, cette victoire que je désire de toutes les forces de mon âme.

« Avant mon départ, une grande joie devait m'être réservée : je fus invité à célébrer la messe à Rembercourt-aux-Pots, devant les troupes assemblées.

« Pendant la durée des offices, des chœurs composés de soldats volontaires se firent entendre.

« Qu'elle était belle cette humble église où montaient superbement vers les voûtes des voix claires et fortes... Au moment de bénir ces braves, je fermai les yeux. Un instant, moi, prélat espagnol, je me crus transporté aux époques où Français et Espagnols luttaient côte à côte, partageant leurs souffrances et leur gloire. Hélas! j'avais rêvé.

ANTOLIN LOPEZ PELAEZ,
Archevêque de Tarragone.

Le parti carliste lui-même présente l'exception qui confirme la règle, une très belle exception : celle de M. Martin Francisco Melgar. Notre savant maître, M. Morel-Fatio, l'a fait connaître à la France. Mais les autres voix catholiques d'Espagne, pourquoi n'ont-elles pas eu plus d'écho dans notre pays?

Réciproquement, pourquoi les trop rares feuilles de propagande française ne font-elles pas connaître dans la Péninsule les distinctions accordées aux prélats et aux prêtres héroïques, ainsi que les cérémonies émouvantes des champs de bataille de la Marne? N'eussent-elles pas dû mener grand bruit autour de ces manifestations, dont l'écho ne parvient pas assez aux catholiques espagnols, et qui seraient plus éloquentes que n'importe quel discours pour prouver là-bas que la France n'est pas cette terre de persécution que, par un comble d'impudente ironie, s'acharnent à représenter les Allemands et leur clientèle de dévots — au sens de Molière?

Qu'il s'agisse de n'importe quel camp — et de n'importe quelle conférence — les Français, peut-être, oublient un peu, parfois, qu'à l'étranger, surtout à l'heure actuelle, ils ne devraient avoir qu'une opinion : la France...

Nous ne nous étendrons pas sur les signataires du manifeste des intellectuels. D'autres, plus autorisés que nous, ont parlé de ces hommes. A peine mentionnerons-nous l'activité prodigieuse de M. Vicente Blasco Ibañez, qui semble écrire partout, et qui vibre d'un généreux élan contre la Barbarie.

Nous ne voudrions pourtant pas ne pas reproduire ce mot, que M. Miguel de Unamuno nous adressait au cours d'une des offensives de la germanophilie en Espagne :

« Nous sommes quelques-uns qui poursuivons ici notre tâche contre la germanophilie troglodytique, et qui affrontons le sobriquet d'*intellectuels* (1). Au fond, ces gens ont la haine de l'intelligence et le culte de la sauvagerie servie par la technique scientifique. Il y a des malheureux qui se demandent seulement quel sera le vainqueur, et non pas de quel côté se trouve la raison. Mais moi, lorsque quelqu'un me dit que l'Allemagne sera victorieuse, — ce que, grâce à Dieu, je ne crois déjà plus possible, — je réponds : — De moi, non ! — Car moi, elle ne me vaincra pas. Et si chacun de ceux qui luttent, chacun avec ses armes propres, contre le kaisérisme païen et barbare, se disait : — Non, moi elle ne me vaincra pas ! — l'Allemagne serait obligée de se vaincre soi-même, ce qui est nécessaire pour la paix et pour la justice du monde. »

L'un des plus grands amis de la France, — le plus grand par son « métier » et aussi, à en croire quelques Espagnols, par la sincérité de ses sentiments, — représente, sur le trône d'Isabelle la Catholique, cette « race bâtarde des Bourbons » que la révolution de 1868 avait « bannie à jamais » en la personne d'Isabelle II,

— ce qui montre assez qu'en Espagne, pas plus qu'en France, « rien n'est perpétuel » (1).

Aux jours qui précédèrent sa naissance, une révolution nouvelle menaçait. Alphonse XII, taxé d'absolutisme, était mort au milieu d'une agitation croissante. Les républicains se réunissaient en France, à la frontière. Volontiers ils eussent dit, comme naguère M. Lerroux : « Nous croyons que nous avons la force, nous sommes prêts et nous sommes suffisamment intelligents pour tirer avantage de la présente situation (2). »

Une trêve des partis se fit devant la tombe et devant le berceau.

En 1898, la guerre avec les Etats-Unis entraîne la perte des colonies. Des menaces grondent sourdement. Mais l'Espagne sent qu'elle a besoin de se recueillir. La nuée se dissipe sans crever. Un ministre énergique et habile, Silvela, panse les plaies du pays et le remet dans le chemin de la prospérité.

En 1905, dans la nuit du 31 mai au 1er juin, Alphonse XIII revenait de l'Opéra avec M. Loubet. Vers la voiture officielle, qui allait déboucher dans la rue de Rivoli, une bombe fut lancée; elle tua le cheval d'un officier de cuirassiers (capitaine Schneider); un garde de Paris

(1) Sur ce *cayo para siempre la raza espurea de los Borbones*, on pourra lire quelques pages amusantes au chapitre VI des *Años de Juventud del Doctor Angelico* que vient de publier M. Palacio Valdés.

(2) Interview publiée par le *Daily Express* du 6 juillet 1917.

fut désarçonné. « Ce n'est rien, Messieurs, rassurez-vous, ce n'est rien ! » cria le roi à l'escorte, en se levant et en agitant son casque.

L'attentat de la rue de Rohan... Guillaume II félicitant avec bruit le royal visiteur d'y avoir échappé, mais oubliant complètement le Président de la République Française... Serajevo... La grande tragédie en cours... L'anarchie internationale domestiquée par l'or de l'Allemagne...

En 1906, le 31 mai, une année exactement après l'attentat de Paris, Alphonse XIII, âgé de vingt ans, épousait la princesse Victoria-Eugenia-Julia-Ena de Battemberg.

Au moment où le cortège, qui suivait la *calle Mayor*, arrivait en face du numéro 88, un anarchiste catalan, Mateo Morral, ami et protégé de Ferrer, lança un bouquet dont la chute fut accompagnée d'une détonation formidable : l'explosion de l'engin fleuri avait tué vingt-trois personnes, en avait blessé cent huit autres; du carrosse royal, criblé de mitraille, une des roues était arrachée, un des chevaux mort (1).

(1) Morral fut aidé dans sa fuite par le journaliste républicain José Nakens. Arrêté le 2 juin à Torrejon de Ardoz, près de Madrid, par un garde qui lui demandait ses papiers, il le tua, puis se suicida. Le 6 juin, l'on arrêtait Ferrer, Nakens et quelques autres complices présumés. Le jugement, rendu le 12 juin 1907, dérouta l'opinion madrilène. Les considérants paraissaient accablants pour Ferrer et favorables à Nakens. Ferrer fut acquitté; José Nakens, dont le public escomptait l'acquittement, fut condamné, avec deux autres, à neuf ans de réclusion. Le roi le gracia le 7 mai 1908.

Le lendemain, le roi et la reine sortaient dans Madrid sans escorte.

En 1909, du 26 juillet au 1er août, eut lieu la « semaine sanglante » de Barcelone, aux scènes macabrement répugnantes. Puis vint la répression : l'arrestation de Ferrer, le conseil de guerre, le directeur de l'Ecole Moderne fusillé dans le fossé de Montjuich.

Le cortège tumultueux de Paris, où cinquante mille manifestants voulurent protester, au nom de la libre pensée, devant l'ambassade d'Espagne, et les articles véhéments de notre presse d'avant-garde retentirent d'autant plus de l'autre côté des Pyrénées que la Péninsule se taisait.

Inter pocula, un des premiers écrivains espagnols, célèbre pour son talent et pour son anticléricalisme, fut alors proclamé, dit-on, président de la République à naître. Le roi le sut, et la destinée lui a offert l'occasion de se venger comme il appartient seulement aux grandes âmes de le faire...

En 1917, de nouveau, s'est esquissée une révolution.

Conforme au programme de Berlin, elle a eu un avant-propos, une introduction (les Juntes militaires), un premier acte qu'elle a cru triomphal (le meeting de Madrid) et deux autres moins réussis (l'assemblée de Barcelone et la grève générale).

M. Antonio Maura s'est chargé de l'avant-propos. C'est lui qui a donné le branle. Dans son discours du 29 avril, il a ouvert la voie, d'une part aux Juntes militaires, d'autre part aux tentatives de l'extrême-gauche, auxquelles l'or allemand a donné tout son appui.

Sans doute, la critique très âpre qu'il fit de l'état où se trouve l'armée espagnole avait-elle pour prétexte d'expliquer l'impossibilité, pour les armes émoussées de l'Espagne, d'intervenir dans le conflit européen *à côté des Alliés.* Mais son trait portait plus en avant. L'on ne savait de quoi s'émerveiller le plus : ou bien du cœur léger avec lequel l'ancien président du Conseil acceptait implicitement sa responsabilité personnelle dans cet abandon de l'armée espagnole (1), ou bien de ses excitations à cette armée; ou bien enfin de l'accroissement singulier de clairvoyance que lui avait apporté son éloignement du pouvoir, — phénomène qui n'est malheureusement point spécial aux hommes d'Etat espagnols...

A M. Maura, chef de l'extrême-droite, revient également l'honneur d'avoir attaqué le premier le roi. « *Les ministres espagnols,* affirma-t-il dans ce même discours du 29 avril, *ne gouvernent que par la volonté du roi et non par celle de l'Espagne.* » L'on a vu que le chef des radi-

(1) « Il est effroyable de songer que neuf ou dix hommes, sûrs de l'impunité quand ils abandonneront le pouvoir, puissent disposer librement des destins d'une nation, sans avoir à redouter les lourdes conséquences de la responsabilité qui devrait peser sur eux. »
(*Heraldo de Madrid,* 7 juin 1917.)

caux devait tirer parti de cette accusation au meeting des gauches.

La presse germanophile a témoigné à M. Maura une vive reconnaissance. *A B C*, en septembre, ne cessait de réclamer la constitution, par cet homme politique, d'un grand ministère national, — dont le corollaire eût été la chute de M. Dato.

En Espagne, les anciens ministres parlent beaucoup. Dès qu'ils ont déposé le portefeuille, ils possèdent la panacée sociale et dissèquent impitoyablement tous les actes de leurs successeurs.

M. Dato s'est cantonné dans une réserve pleine de dignité.

Lorsqu'il avait repris le pouvoir, le parti libéral, travaillé par des tendances diverses, en proie à des querelles de personnes, se trouvait impuissant devant une situation complexe. L'agitation des Juntes de défense donnait l'essor à d'autres espoirs. Des mesures de grève générale étaient déjà dans l'air. Des journaux annonçaient librement la révolution.

Au commencement de juin, le *Heraldo de Madrid* publiait une série d'articles de tête sous ce titre : *En pleine période révolutionnaire.* Dans l'article du 7 juin 1917, il annonçait « une catastrophe purificatrice », parlait d'une « anarchique décomposition de l'ordre social », de « l'état de révolution » où se trouvait l'Espagne, du « gouvernement corrupteur », de « l'ineptie juchée au sommet du pouvoir ».

Le soir du 14 juin 1917, les assistants du meeting organisé dans la Maison du Peuple par le Groupe socialiste de Madrid se retiraient aux cris de : « Vive la révolution! »

Quelle que puisse être l'appréciation sur les moyens employés, — ou sur la durée de leur efficacité, — M. Dato a aidé l'Espagne à franchir un tournant dangereux. Sa patrie lui rendra probablement justice *lorsque sera mieux connu le rôle des intrigues allemandes dans le malaise politique de la Péninsule.*

En présence d'une situation menaçante, il agit vigoureusement. Ce fut, pour beaucoup, une surprise. Lors de sa première présidence, M. Dato avait montré tant de doigté, tant de moelleux et presque tant d'onction, que les Madrilènes l'appelaient familièrement *Vaseline.* Ils ne soupçonnaient pas, alors, la main de fer.

Pendant plusieurs mois, il a gouverné sans les Chambres, procédé assurément inconstitutionnel. L'opposition le lui reprochait avec insistance, comme aussi de ne pas amnistier les membres du Comité de la grève d'août 1917, emprisonnés à Carthagène (1).

---

(1) Il semble bien que cette grève dût coïncider, en principe, avec la manifestation des parlementaires. Prêchée longtemps, elle n'a cependant été proclamée que le 13 août. D'abord annoncée pour le 10, les meneurs avaient paru y renoncer, soit hésitation sincère, soit tactique pour la mieux réussir. Le manifeste du Comité, distribué clandestinement dans tous les milieux ouvriers, signé par des personnalités du parti républicain, du parti socialiste et de l'union géné-

M. Garcia Prieto, remonté au pouvoir en grande partie pour la satisfaction de ces deux griefs, n'a pas jusqu'ici (28 février 1918) accordé l'amnistie désirée, laquelle, d'ailleurs, n'est sans doute plus qu'une question de jours ou de semaines.

Pendant les derniers mois de 1917, il n'a pas convoqué les Chambres. Le 10 janvier, il a soumis à la signature du roi un décret prononçant leur dissolution. Les députés élus le 24 février ne siégeront que le 18 mars.

M. Dato a répugné à faire des critiques faciles. Il a préféré soutenir sincèrement le ministère Garcia Prieto. C'est un patriote...

Nous ne prétendons pas, nous n'insinuons pas que M. Maura, que M. Lerroux obéissaient à des suggestions allemandes; nous disons simplement que ces deux hommes politiques, un peu trop préoccupés des intérêts de parti et d'eux-mêmes, ont agi, *sua sponte et voluntate,* comme s'ils eussent obéi à de telles suggestions. Observateur impartial, ils nous semblaient entraîner

---

rale des travailleurs, exposait sans fard *les buts de la révolution*.

L'Espagnol est au moins aussi frondeur que le Français : aux élections municipales du 11 novembre, qui furent pour les gauches un triomphe, MM. Besteiro, Largo Caballero, Anguiano et Saborit, membres, tous les quatre, du Comité de grève et condamnés, comme tels, par le conseil de guerre, furent élus avec enthousiasme. L'on vient, le 24 février, de les élire députés à une forte majorité.

En Espagne, dès que l'on n'est pas immédiatement fusillé, tout finit, non par des chansons, mais par des mandats.

leur pays, — qu'ils aiment, — à une véritable catastrophe, et ne voir pas grimacer, satanique, dans l'ombre, le profil de la Germania.

Cette impulsivité, l'on pouvait la comprendre de la part de M. Lerroux, entraîné par son rôle de tribun démagogique.

Mais qu'un esprit réfléchi, et fort, et volontaire; que l'homme dont le rôle, en 1909, avait, en somme, été assez analogue à celui que devait jouer M. Dato en 1917; que cet homme se révélât, brusquement, créateur de désordre : l'étrange phénomène!

Si M. Maura n'agissait pas aveuglé par Jupiter, quelle a été son intention?

Se rendre indispensable à son pays?

Il se peut; toutefois, c'est un jeu dangereux, même pour un politique de son envergure (1).

Les brandons allumés par lui et par M. Lerroux ne sont pas encore éteints.

Tôt réprimée, il ne faut pas se dissimuler, par exemple, que la grève d'août a laissé des germes nombreux de mécontentement.

Les Allemands ne se sont point fait faute d'irriter les plaies.

---

(1) S'il gagnait la partie, il ne serait pas trop surprenant de voir quelques-uns des journalistes français, qui auront fait aux *Maura, no!* de Valence le plus vif écho, entonner, en l'honneur du vainqueur, le pæan le plus irraisonné. Car nous ne sommes plus au temps de Paul-Louis et d'Armand Carrel. Une grande partie de notre presse semble souvent avoir perdu, avec beaucoup d'autres qualités, le sens de la mesure.

Les restrictions alimentaires leur ont fourni déjà une belle matière.

Tout leur est bon, même les *Listes noires*, qu'ils proclament une atteinte à la dignité de l'Espagne, — et un aveu indirect de l'impuissance anglaise à arrêter leur commerce.

La constitution des Juntes civiles a ranimé tous leurs espoirs d'une révolution.

Ils ne renoncent pas à entraîner les Juntes militaires dans la politique, à ressusciter le temps des *pronunciamientos*. Abusés une première fois sur ce point par le parallélisme qui semblait se marquer, au début, entre l'action des Juntes et l'agitation des parlementaires, ils croyaient avoir déjà cause gagnée. Leur désillusion fut aussi cruelle que celle de M. Lerroux lui-même, lorsque se manifestèrent la fermeté de M. Dato et la fidélité de l'armée au roi.

Puisse l'année 1918 allonger le chapitre de leurs déconvenues!...

Nous écrivions à la fin de septembre :

« Pour l'instant règne la plus remarquable activité au ministère de la guerre et à l'état-major général. Construction de casernes, établissement de champs de tir, renforcement de l'artillerie de campagne et de forteresse, création de groupes d'artillerie lourde, — l'armée devant compter au total, dans quelque temps, 213 batteries et 852 canons, — augmentation du nombre des mitrailleuses des régiments d'infanterie et de cavalerie, organisation de l'aviation navale... la *Gaceta* publie les décrets et les sommes importantes qu'ils prévoient. De grandes manœuvres sont projetées. Des manœuvres du génie et de l'artillerie vont avoir lieu à la frontière française. Le public s'inquiète. L'armée sera-t-elle, du moins, satisfaite, l'armée, le plus ferme soutien de la dynastie actuelle, qu'elle a restaurée, le 29 décembre 1874, par le coup d'Etat du général Martinez Campos à Sagonte, l'armée qui n'est pas aujourd'hui, chez nos voisins, « la grande muette », mais « la grande parlante » ?...

Depuis lors, M. Dato est tombé. M. La Cierva, ministre de la Guerre, représentant de M. Maura dans le cabinet Garcia Prieto aux nombreux éléments germanophiles, a pris, pour le renforcement de l'armée espagnole, des mesures que, seul, paraîtrait justifier un état de guerre...

Dans la triple crise : économique, politique, militaire, que traverse l'Espagne, malgré les nombreux points noirs qui montent à l'horizon, ce qui peut rassurer le roi, outre la fidélité de cette armée, jusqu'ici indéfectible, c'est la nature assez complexe de son peuple, le plus dévot, le plus attaché aux formes extérieures du culte, mais foncièrement l'un des moins religieux de la terre; le plus courageux, mais le plus amoureux de farniente; le plus enragé liseur et disputeur de journaux, le plus prompt à l'émeute — qui est le bruit, qui est le spectacle, qui est le drame, — mais, au demeurant, le plus indifférent aux choses de la politique : la persistance du *caciquisme* en est une assez évidente preuve.

Il faut constater aussi, chez beaucoup, la crainte d'un retour aux périodes troublées. Tous les Espagnols sont loin d'envisager cette perspective avec la même sérénité que M. Lerroux. Là où un Castelar a échoué, avec la plus admirable éloquence, avec le plus beau des programmes républicains, avec le plus noble désintéressement — et dans une situation déblayée, — ils ne pensent pas que certains chefs actuels de groupes ou de coteries soient de taille à réussir. Aussi voit-on ce paradoxe : des républicains sincères qui ne souhaitent pas l'avènement de la république.

Même en Catalogne, milieu essentiellement séparatiste, les aspirations sont loin d'être uniformes; beaucoup de Catalans, sans aimer la monarchie, craignent les aléas d'un changement de régime.

Un grand nombre de bons esprits mettent donc tout leur espoir dans le parti libéral. Ils savent que les républicains à la Castelar n'ont jamais été qu'une poignée, dans un pays où le soleil très vif évapore la notion du juste milieu. Ils redoutent les Jacobins. Ils souhaitent *une révolution par en haut,* c'est-à-dire une évolution déterminée par les classes dirigeantes.

Pour atteindre ce but, il faudrait que le parti libéral oubliât qu'il est une oligarchie, qu'il fît abstraction des querelles de personnes et d'intérêts, qu'enflammé de toute l'ardeur qui, jusqu'ici, peut sembler l'apanage des partis extrêmes, il se consacrât à sortir les différentes régions de cette belle terre de leur torpeur ou de leur incohérence, à les bien persuader de leur étroite solidarité, à les détourner des rêves exagérés et des rêvasseries déprimantes, pour leur donner le sentiment du réel, la volonté du possible, la foi dans un effort commun, l'élan vers l'avenir.

Une monarchie à l'anglaise, voilà ce que rêvent beaucoup de républicains espagnols, plus sages peut-être que les exaltés qui veulent bondir sans avoir préparé leur terrain, sans que les esprits soient en état de recevoir profitablement des idées nouvelles, qui puissent y germer, y fleurir, y porter des fruits.

N'était-ce pas ce conseil de prudence politique, de calme évolution, que, le 24 novembre 1908, malgré tout le zèle du néophyte (1), M. Pérez Galdos faisait entendre à son parti à propos d'un retentissant discours de Moret à Saragosse?

« De notre camp républicain, disait-il, nous entendons la voix des monarchistes les plus proches... L'histoire présente, ainsi, des occasions où nos voix s'entendent clairement chez eux, comme les leurs

(1) M. Pérez Galdos avait proclamé son adhésion au parti républicain le 6 avril 1907.

viennent à nos oreilles... Jamais nous ne transigerons sur ce qui nous sépare, mais jamais non plus nous n'hésiterons à nous rapprocher sur ce qui nous unit.

« C'est la fatalité des faits qui nous a conduits à un labyrinthe où nous ne voyons d'autre issue que celle que nous ouvre, par son éloquente initiative, le chef des libéraux. En avant, tous, à l'appui de cette partie de nos idées, dépensons notre âme et notre vie à en faire bientôt une réalité! Considérons que, sans notre coopération, les monarchistes libéraux seraient vaincus avant d'avoir dégainé leurs armes ; considérons que notre concours pourra les conduire à une victoire qui représenterait pour eux l'occupation de toute l'échelle et, pour nous, la conquête d'un premier échelon où nous nous maintiendrions contre vents et marées. »

Peuvent-ils bien raisonner d'autre sorte, ceux qui, aimant l'Espagne, — comme l'aime M. Lerroux, — et pleins de son passé, entrevoient les rayons de sa prochaine aurore?...

Il semble bien, malgré l'indirecte accusation d'absolutisme portée par M. Maura, que cette constitution d'une monarchie libérale soit le désir du roi lui-même. D'une interview accordée par Alphonse XIII au *Daily Express*, en juillet 1917, nous détachons ce passage significatif :

« *J'estime que la guerre causera des mouvements immenses dans tous les pays, et que les gouvernements futurs auront à s'aiguiller vers une sorte de socialisme d'Etat, tel que celui que vous avez en Angleterre.* »

L'alternance au pouvoir du parti libéral et du parti conservateur ne satisfait plus les aspirations nationales. Quand il s'agissait d'un Sagasta, d'un Canovas del Castillo, d'un Silvela, l'Espagne pouvait encore y trouver son compte. Elle demande plus et mieux. Le parti libéral laissera-t-il échapper le grand rôle qui paraît lui échoir? Sera-t-il, ainsi que, trop souvent, notre bourgeoisie, aveuglé, paralysé, par l'égoïsme, par l'imprévoyance, et fera-t-il, par son manque à agir, la force des partis extrêmes? Comme tant d'Espagnols le souhaitent et l'espèrent, aura-t-il un sursaut, prendra-t-il vigoureusement l'initiative de la rénovation, se montrera-t-il digne de ses fondateurs, de sa patrie et de son roi?...

Le dilettantisme des libéraux, leur esclavage volontaire de certaines théories, leur crainte de paraître réactionnaires, ont souvent mis l'Espagne dans une situation critique, car ils laissaient un champ trop libre aux ennemis du régime (1). C'est ce qui advint déjà sous Alphonse XII : animé tout d'abord d'intentions libérales, ce roi dut faire appel aux conservateurs. La même évolution se marquera-t-elle sous Alphonse XIII?

Après tout, si le ministère national qu'*A B C*, dans une intention perfide, réclamait en septembre, venait un jour à être constitué, pour-

---

(1). . . . .
. . . . CENSURÉ . . . .
. . . .
. . . .

quoi ne tournerait-il pas contre les espoirs des germanophiles?

Nous avons dit notre sentiment sur M. Maura.

Le dépit évident d'être écarté, depuis 1909, du pouvoir, a arraché au chef de l'extrême-droite des paroles qu'il regrette peut-être, des paroles qui lui rendraient la tâche difficile, mais non pas impossible, surtout s'il faisait appel aux chefs des différents partis; si tous immolaient querelles personnelles, questions de nuances, mesquines jalousies au seul intérêt de l'Espagne; si les partis, enfin, consentaient à suivre leurs chefs dans la même volonté d'union, dans la même abnégation patriotique.

Quelle que soit la solution qui intervienne à la chute du ministère Garcia Prieto, chute considérée comme inévitable peu après les élections, les hispanophiles français ont foi que les hommes d'Etat de la Péninsule, conscients des responsabilités encourues devant la patrie et devant l'histoire, sauront, dans leur sagesse et leur sagacité, émousser en temps opportun le double tranchant de l'action germanique : ou dresser l'Espagne contre la France, ou, ruinant la dynastie, nous priver du ravitaillement espagnol et frapper dans la reine l'Angleterre...

Peut-être bien, la boutade que l'on a prêtée au jeune souverain : « J'ai une... figure d'Autrichien et un cœur de Bourbon » n'est-elle pas authentique, encore qu'elle soit dans sa manière prime-sautière. Peu importe. Elle exprime une vérité.

Physiquement, Alphonse XIII ressemble à sa mère. Il lui ressemble aussi par le cœur, par ces qualités profondes que l'œuvre des blessés et des prisonniers a révélées à peine au grand public (1).

Pour tout le reste, à peu près, il est bien Bourbon. Comme Isabelle II et comme Alphonse XII, il possède à un degré tout à fait éminent l'esprit, le charme, une simplicité im-

---

(1) D'un long article du *Heraldo*, à la date du 29 juin 1917, nous extrayons les renseignements qui suivent :

De 1914 à 1915, il a été répondu à 150.000 demandes de nouvelles. Du 1er janvier 1916 à la fin de juin 1917, il a été répondu, après recherches nécessaires, rapidement exécutées, à un nombre de demandes égal à 3.268 pour l'Angleterre, 2.900 pour l'Italie, 10.950 pour l'Allemagne, 3.552 pour l'Autriche, 58.000 exactement pour la France et la Belgique, et, pour les civils des différentes nationalités, 31.549. Ont été demandés en outre 6.022 rapatriements, presque tous obtenus. Le bureau de l'œuvre s'occupe aussi des envois d'argent, dont le roi prend tous les frais à sa charge.

Le journal ajoutait ces détails :

« Dans la secrétairerie du roi, il y a vingt-cinq personnes employées à ce travail, si admirable, si méticuleux et si méthodique, que ce bureau mérite d'être visité par tout le monde, pour que, *de visu*, l'on puisse apprécier l'importance de cette œuvre colossale, et voir comment, en Espagne, l'on sait faire les choses.

« Quand les réponses reçues au palais sont bonnes, elles sont rapidement communiquées aux intéressés, auxquels, auparavant, l'on avait accusé réception de leur lettre. Si les nouvelles sont mauvaises, l'on attend qu'on insiste, et alors on les communique au curé ou au maire de l'endroit où résident les solliciteurs, pour qu'il fasse connaître à ces derniers, avec les précautions nécessaires, la triste nouvelle.

« Presque toutes les lettres reçues commencent de la même façon : « Monsieur le Roi, une pauvre mère... »

« Beaucoup de ces nouvelles, le roi les fait demander par la télégraphie sans fil. Quelques pays ont accordé, cette

posante à la fois et prenante. Comme son père, il est doué d'une intelligence ouverte à tous les problèmes, prompte à s'assimiler des matières très diverses, et servie par une extraordinaire mémoire. Comme son père, encore, il partage sa vie entre le sport et les affaires publiques; mais ces dernières ont pris le pas sur les distractions, et d'autres motifs que ceux du roi *galantuomo* d'Espagne le poussent, malgré la fatigue précoce de ses yeux, à dérober le temps de ses nuits au sommeil.

De bonne heure, il a été habitué à dompter son corps.

Son enfance a été sévère, non seulement à cause du deuil de la reine-mère, mais encore et surtout à cause des soins exigés par une santé que pouvait seul raffermir et qu'a raffermie en effet un dur régime. Un autre souverain a subi une discipline pareillement rigoureuse,

---

année, la franchise postale à cette institution humanitaire, dont les frais, l'an dernier, dépassèrent trois cent mille francs, que le roi paya sur sa cassette.

« Le roi a obtenu la grâce de 40 condamnés à mort.

« L'une d'elles, celle d'un journaliste russe condamné à mort en Autriche, fut demandée directement au roi par la fameuse *Ligue des Droits de l'Homme* qui mena, il n'y a pas longtemps, une si violente campagne contre l'Espagne et contre le roi. Le souverain répondit personnellement à cette demande, donnant ainsi une preuve d'admirable générosité. »

Disons, nous, que S. M. la reine s'est montrée, cet hiver, la digne compagne d'Alphonse XIII. Elle s'est prodiguée dans les soupes populaires, à la goutte de lait, dans les crèches, les ouvroirs, les vestiaires, joignant au bienfait le doux rayonnement de sa grâce souveraine.

dont s'épouvanteraient les fils de notre bourgeoisie : Victor-Emmanuel III... (1).

Alphonse XII était très brave. Si l'on peut l'être plus, Alphonse XIII l'est plus que lui. Par là, il a ravi son peuple amoureux de courage. La crânerie est un de ses plus sûrs appuis. Elle n'a pas séduit que l'Espagne. Paris se souvient de 1905, de l'attitude de ce roi, encore adolescent, qui parlait avec un si bel et si imperturbable humour des petits profits de son « métier ».

Alphonse XII était complètement rebelle à plusieurs arts. La musique n'éveillait en son âme aucun écho. La tradition veut même qu'il n'ait jamais appris à reconnaître l'hymne royal. Alphonse XIII ne lui ressemble pas tout à fait sur ce point. Mais, longtemps, les peintres ne l'ont pas vu sans amertume (et sans quelques vives médisances) préférer à la contemplation de leurs toiles le tir au pigeon — où, comme son père, il gagnait souvent la poule, — l'automobile et les autres sports. L'on chuchotait qu'il n'avait jamais franchi le seuil du plus beau musée de l'univers...

En 1905, la relégation, sous les combles palatins, d'un magnifique portrait digne de figurer à côté des Velasquez du Prado, consterna le

(1) Cf. *Come fu educato Vittorio Emanuele III. Ricordi di Luigi Morandi.* Rome, 1901.

monde des arts. Le jeune roi était représenté sur un cheval noir, les rênes dans la main gauche, le poing droit sur la hanche; drapé dans la *capa* nationale, de couleur sombre, il portait un chapeau mou; son visage, à peine de trois quarts, se détachait énergiquement, dans une lumière et avec un relief étonnants qui en accusaient les caractéristiques. S. M. Doña Maria Cristina, plus mère qu'éprise de talent, ne trouva pas son fils embelli...

Depuis ce temps, Alphonse XIII a appris à admirer la peinture. Il se flatte même d'être un fin connaisseur en tableaux. Ce n'est pourtant point là son violon d'Ingres. Alphonse XIII se pique encore plus de science médicale. De l'article cité du *Heraldo* (1), nous détachons, à ce sujet, une anecdote que nous avions déjà entendue à Madrid :

« Cette innocente manie donne lieu, au cours des chasses auxquelles assiste le souverain, à quelques plaisanteries, qui ne portent aucune atteinte au plus grand respect, et dont Alphonse XIII est le premier à rire. C'est ainsi qu'une fois, un haut fonctionnaire du palais, fervent dévot du monarque, pris d'indigestion au cours d'une partie de chasse, exclama, en feignant la plus grande terreur, comme il voyait entrer le roi dans sa chambre :

« — Au secours! Qu'on appelle vite le curé et le notaire, car le docteur Bourbon vient me visiter! »

Alphonse XII ne laissait échapper aucune oc-

(1) Numéro du 29 juin 1917.

casion de dire qu'il aimait la France. Il l'a aimée au point de rechercher l'alliance de l'Allemagne...

Le roi dit moins que son père qu'il aime notre pays, mais il l'aime réellement, et, surtout, la Côte d'Argent, devenue pour lui un lieu de prédilection. Il y est populaire. L'on se rappelle ses premières randonnées, en automobile, sa jeune espièglerie, cet agent qui l'arrêtait, un jour, à Bayonne, pour excès de vitesse.

— Comment vous nommez-vous?

— Alphonse.

— Alphonse qui? Alphonse quoi?

— Alphonse, roi.

Et le brave gardien de la paix de consigner sur son carnet : Alphonse Roy.

Alors, le souverain, avant de le féliciter et de le récompenser :

— Ça ne s'écrit plus comme ça. On met un *i*, maintenant...

Pendant ses villégiatures à Miramar, Alphonse XIII vient volontiers jusqu'au seuil de cette terre que lui interdisent les événements. Dans ce calme paysage des bords de la Bidassoa, où vit toujours le souvenir du traité qui ne put « abîmer les Pyrénées » (1), mais qui avait

(1) Il ne les avait guère abîmées que sur un point. Rappelons, en effet, car la chose ne doit guère être connue, en un pays où règne l'ignorance volontaire de l'histoire et de la géographie nationales, que, depuis 1659, isolée en plein territoire français, dans les Pyrénées-Orientales, se trouve

assuré du moins près d'un siècle et demi de concorde entre les deux pays et préparé l'accession des Bourbons au trône de la grande Isabelle, est-il téméraire de supposer que, plus d'une fois, le roi d'Espagne a dû méditer sur l'avenir de sa patrie, sur l'avenir de sa couronne, et chercher la lumière?...

---

une localité espagnole : Llivia, laquelle compte actuellement, sur ses 30 kilomètres carrés, 12.000 habitants. (Il n'y en a que 5.000 dans le val d'Andorre, trait d'union dont l'opéra-comique a vulgarisé l'existence.) — L'Espagne, qui avait entendu conserver Llivia pour son importance, ne peut pas la fortifier. — Le long de la frontière franco-espagnole, on rencontre d'autres enclaves, mais beaucoup moins considérables.

CONCLUSION

CONCLUSION

Le grand trébuchement de l'Europe occidentale s'est produit quand l'Espagne, entraînée par des princes trop ambitieux dans un sens contraire à celui qu'imposait sa mission historique, a penché vers le germanisme. Ce fut là un fléau pour le monde latin.

Tout d'abord, pour l'Espagne elle-même.

Car l'homme qui a brisé son essor, ce n'est pas Torquemada, — dont les successeurs, de Charles-Quint (d'Allemagne) à Charles II, brûlèrent plus de vingt mille Espagnols.

L'homme qui a brisé son essor, ce n'est pas non plus Christophe Colomb, dont la foule en furie lapidait très injustement la statue à Cadix, en 1898.

L'homme qui a brisé l'essor de l'Espagne, c'est Charles de Gand, l'Autrichien, épuisant toute l'énergie et toutes les ressources nationales au profit de sa grandeur personnelle, confondue avec celle de l'Allemagne.

Ceux des Espagnols éclairés qui ne ferment pas volontairement leur esprit aux réalités et au monde extérieur proclament ce rôle néfaste de Charles-Quint.

Que l'on prenne, du diplomate Angel Ganivet, — mort trop jeune, à trente-trois ans, — le très profond *Idearium español,* publié en 1897, ou que, vingt ans plus tard, au meeting de Madrid, l'on écoute parler sur les méfaits de la maison d'Autriche en Espagne le savant professeur M. Miguel de Unamuno, la note est la même.

Le Français timide, qui n'aura pu s'empêcher, en nous lisant, d'éprouver l'appréhension de possibles réclamations d'ordre diplomatique, peut donc se rassurer : en Espagne, l'on discourt avec plus de liberté, avec plus de justesse que chez nous, du véritable modèle de Guillaume II...

Contre le fils de Jeanne la Folle, contre ses successeurs, contre ses imitateurs, la France a protégé l'idéal latin. Qu'elle n'ait pas su toujours s'arrêter à temps, il n'est que trop vrai. La réaction va parfois aussi loin que l'action qui l'a provoquée. Cependant, Charles-Quint avait donné le branle...

Les troupes espagnoles sont venues à Paris. Les troupes françaises leur ont rendu leur visite à Madrid. Mais les Espagnols ne songent sans doute pas plus à revenir à Paris, comme au temps de la Ligue, que les Français à retourner à Madrid, comme au temps de Napoléon Ier.

L'ère des conquêtes (et, souhaitons-le : des torts) réciproques est passée.

Il n'y a d'ailleurs eu rien d'irréparable entre l'un et l'autre peuples.

Lorsque les soldats de Napoléon Ier sont allés dans la Péninsule, provoqués par un louche politicien que l'Espagne renie, ils n'ont pas agi comme font aujourd'hui ceux de Guillaume II : ils n'ont pas anéanti, de parti pris, les monuments de l'art, merveilles du passé. Que disons-nous? Ils ont respecté toutes les demeures.

Ecoutons, plutôt, M. José Cascales Muñoz, dont nous arrive un ouvrage composé d'après les archives du ministère de la Guerre espagnol :

« *Dans les endroits où ils* (les Français) *n'étaient pas attaqués, ils se conduisaient avec la plus grande correction; l'on cite des villes et des bourgs, complètement évacués par leurs habitants, où les envahisseurs ne causèrent pas le moindre dommage ni aux maisons, ni aux meubles, ni au linge, ni à rien de ce qu'avaient laissé les fugitifs dans leur domicile* (1). »

Au surplus, Joseph n'a pas, comme Charles-Quint, donné les hauts emplois à des étrangers imposés par d'odieux massacres. Avec une confiance magnanime, il s'est entouré d'Espagnols. Loin d'instaurer, comme Charles-Quint, un desséchant absolutisme, il a semé les germes du libéralisme fécond.

Non, il n'y a rien eu d'irréparable, pas même au Maroc, où, traditionnellement, nous l'avons montré, la France, malgré ses droits supérieurs

(1) José Cascales Muñoz. 1807-1814. *Fruit de nos alliances. Traits de notre Epopée (épisodes et personnages).* Madrid, 1918.

à ceux de l'Espagne, a agi de façon désintéressée, — où notre troisième République, en 1902, a témoigné un vouloir de générosité égal à celui du second Empire en 1859!

C'est M. Maura qui a repoussé les dons qui lui semblaient dangereux.

Nous n'avons pas caché le rôle de l'Angleterre : quelqu'un pourrait-il biffer le passé?

Mais qui donc a reconnu, qui donc a proclamé les droits de l'Espagne au Maroc?

La France et l'Angleterre!

Dès lors, pourquoi la propagande française, si elle n'est pas un mythe, ne s'émeut-elle pas, ne rétablit-elle pas la vérité, — au besoin chaque jour, — lorsque, chaque jour, Allemands et germanophiles espagnols font retentir la Péninsule de ce double cri, qu'un prurit de popularité a poussé M. Maura à reprendre pour son compte : Tanger et Gibraltar?

L'Angleterre et la France n'étaient pas encore sans arrière-pensées mutuelles, quand elles ont signifié au monde que nos voisins étaient chez eux dans une belle part du Maroc : aujourd'hui qu'elles sont unies cordialement, une Espagne aliadophile ne pourrait-elle pas attendre, après la guerre, les plus complètes satisfactions du côté de Tanger?

Et quant à Gibraltar, certains Espagnols savent bien tout ce qu'il y a d'artificiel dans les plaintes de leurs compatriotes à ce sujet.

Le 25 mars 1917, à l'occasion de sa réception à l'Académie hispano-américaine d'arts et de sciences de Cadix, le général de brigade commandant à Jerez, don Miguel Primo de Rivera, neveu de l'ancien ministre de la guerre, a fait l'historique de la question de Gibraltar.

Il a déclaré que l'Angleterre a plus souvent manifesté le désir de céder cette place que l'Espagne celui de l'acquérir.

Il a rappelé, notamment, qu'en 1783, avant la signature, à Versailles, du traité qui mit fin à la guerre d'Amérique, les diplomates étaient d'accord pour restituer Gibraltar à l'Espagne. L'Angleterre, comme compensation, eût conservé la Guadeloupe. Ce fut le comte d'Aranda, le célèbre ministre de Charles III, qui fit échouer cette combinaison, qu'il estimait désavantageuse pour son pays (1).

D'où nous prendrons la liberté de conclure que même les plus grands diplomates, même le plus patriotes, sont parfaitement sujets à erreur, — partant soumis à la critique...

Non, il n'y a rien eu d'irréparable, — peut-être même pas le manque à organiser, en temps opportun, notre propagande dans la Péninsule,

(1) Exposant ses idées personnelles, le général Primo de Rivera disait ensuite que l'Angleterre ne perdrait pas, avec Gibraltar, sa forte position dans le détroit. Il suffirait de lui donner en échange Ceuta, « ville beaucoup moins espagnole ». Et le conférencier concluait : « Laissons à d'autres le soin d'organiser l'Afrique, elle nous a déjà suffisamment coûté. »

Nous croyons savoir qu'il fut réprimandé par le général Luque, ministre de la Guerre dans le cabinet Romanones.

c'est-à-dire, en dernière analyse, l'inertie de la France endormie par la presse.

Ceux qui nous liront commenceront-ils à se désaveugler, ou bien, sur la foi de quelques hispanisants improvisés, qui, après une semaine ou moins de séjour en Espagne, se hâtent de clamer naïvement : *veni, vidi, vici!* — sur la foi, aussi, de coupures faites dans deux ou trois feuilles à notre dévotion, — persisteront-ils à croire que tout va pour le mieux en notre faveur, dans la plus francophile des Péninsules?

Tranchons-le net : certaines déclamations, jugées irrésistibles par nos académiciens et par nos publicistes, portent très mal, en général, au delà des Pyrénées.

Aux phrases les plus pompeuses sur notre lutte pour la justice, l'on répond sèchement : Gibraltar.

Au triomphe du droit, poursuivi par les Alliés, l'on oppose non moins rudement le nom de : Tanger.

C'est 1808 que l'on jette à ceux qui abominent le brutal esprit de conquête et les violences odieuses de l'impérialisme allemand...

Pourtant, ne voit-on pas, d'après les pages qui précèdent, combien elle eût été, — combien elle serait facile, la propagande française?

Sur la plupart des points, pour effacer les injustes reproches qui nous sont adressés, il eût suffi, — il suffirait de vulgariser, dans la Péninsule, des pages choisies d'écrivains et de ministres espagnols. Voilà qui n'obligerait pas nos envoyés à de bien grands frais d'imagination; voilà qui n'impliquerait aucunement la nécessité de faire les sacrifices incroyables d'argent de la propagande germanique (1). Et, sans doute, les Espagnols écouteraient-ils mieux ce qui a été dit par leurs compatriotes, surtout avant la guerre, que les paroles des Français...

A ce propos, un scrupule nous vient.

Nous avons parlé, au début, du point de vue espagnol, adopté par la presse française. Pour ne pas être injuste, précisons ainsi : le point de vue de la masse, dominé par la routine et par les moines; le point de vue de certains politiciens, dominés par les préoccupations de parti.

Chez nos voisins, il y a eu, — il y a de libres esprits, lesquels, sur des points qui nous touchent essentiellement, peuvent sembler, parfois, plus français que les Français eux-mêmes...

Non, il n'y a rien d'irréparable entre l'Espagne et la France.

L'irréparable, il est ailleurs.

Nous avons indiqué, en passant, tout le profit que la propagande française, si elle existait, en pourrait recueillir.

L'irréparable, il est du côté de ceux qui ont essayé de ruiner l'Espagne par la révolution et par la famine.

(1) 80 millions de marks par l'Etat, 80 millions de marks par la maison Krupp, uniquement pour répandre la musique allemande. Que l'on juge du reste par cet exemple !

Il est du côté de ceux qui mènent une guerre sans merci contre la marine marchande péninsulaire.

Chacun de ces navires envoyés au fond des eaux, et qui portait le pavillon jaune et rouge, n'est-il pas une part de la patrie espagnole?

Le peuple voisin ne serait-il plus celui de la *Reconquista,* celui des *Conquistadores,* celui de la « redoutable infanterie » qui, avant la nôtre, avait « vaincu toute la terre », celui des incessantes et fatales « guerrillas »?

Son âme ne tressaille-t-elle pas, indignée?

N'aura-t-il pas le sursaut généreux auquel, depuis l'antiquité, il a accoutumé l'histoire?

Comment supposer qu'il pourra souffrir, longtemps encore, d'être bloqué politiquement comme il l'est par la mer, de voir des agents étrangers préparer, sur son propre territoire, l'assassinat d'un de ses ministres d'hier, d'un de ses ministres de demain (1), coupable d'avoir déplu au prince Ratibor?

Est-il une plus grave, une plus insupportable atteinte à la dignité d'une nation?

Non, il n'y a rien eu d'irréparable, entre la France et sa voisine, que devraient rapprocher étroitement la conscience des intérêts communs, et ce double contact des Pyrénées et du Maroc, — contact lancinant, s'il n'est pas adouci par l'amitié.

---

(1) M. le comte de Romanones.

Les intérêts communs!

Pourquoi n'avoir pas éclairé l'opinion espagnole, au cours des négociations de l'accord commercial, rendues si longues, si ardues, par l'obstruction acharnée des Allemands et des germanophiles?

Pourquoi n'avoir pas, à Madrid et ailleurs, publié la vérité, à savoir que si la France a besoin de l'Espagne, cette dernière a besoin, plus encore, de la France?

Pourquoi n'avoir pas souligné, avec insistance, comme il convenait, toutes les démarches angoissées des producteurs de vin, des marchands d'oranges, des constructeurs, de tous ceux qui réclamaient l'accord, pour eux vital, avec la France?

Pourquoi n'avoir pas fait éclater ainsi la folie de ceux qui persistent à accrocher tous leurs espoirs aux fallacieuses promesses d'une Allemagne qui ne peut rien pour eux que poursuivre avec plus d'ardeur sa tentative de les affamer par la destruction progressive des moyens de transport, nécessaires à l'exécution des accords avec les Alliés, qui ne peut rien pour eux, si ce n'est fomenter, en plein territoire espagnol, des grèves et des attentats, afin de précipiter, par l'anarchie, l'œuvre de la famine?

N'était-ce pas un labeur plus utile que de disserter, tous les six ou huit mois, sur le mégathérium ou sur le paléothérium, sur la musique espagnole, — c'était bien de chansons, qu'alors il s'agissait! — sur des projets de fouilles archéologiques, et autres savantes recherches, dignes d'estime en temps normal, mais à tel point étrangères aux événements qu'à l'heure actuelle, sauf le respect, l'on peut bien les nommer fariboles?

Mais pourquoi rêver d'une propagande intelligemment organisée?

« Il faut attendre la prise de Constantinople, Monsieur! »

Non, il n'y a rien eu d'irréparable entre l'Espagne et la France; toutes deux, au contraire, ont des motifs d'estime réciproque.

La France ne peut pas effacer de sa littérature, ni de sa pensée, la marque de l'Espagne.

Le double sillon lumineux tracé par Corneille, créateur de la comédie de mœurs avec *le Menteur*, créateur de la tragédie avec « la merveille du *Cid* », ce double sillon, que ne préparait pas la Renaissance, et dont l'éclat, longtemps accru, devait faire la gloire de la scène française, il est né de l'inspiration espagnole.

Sans Alarcon et sans *la Vérité suspecte*, sans Guilhén de Castro et sans *les Jeunesses du Cid*, nous n'aurions pas eu notre admirable théâtre du XVIIe siècle.

Le génie de Corneille est un fils adoptif du génie espagnol...

Quant à l'Espagne, elle ne peut pas effacer de sa pensée ni de son sol l'influence heureuse des premiers Bourbons : encore moins, qu'il lui plaise ou non, celle de Joseph Bonaparte.

Si, depuis 1813, elle n'a guère évolué, c'est qu'elle n'a pour ainsi dire pas cessé d'être ballottée entre l'absolutisme aux partisans farouches et le libéralisme venu de la France impériale. Au cours du XIXe siècle, elle a subi les secousses les plus violentes; elle s'est beaucoup agitée, elle n'a relativement que peu agi; elle a gaspillé, dans ces mouvements désordonnés qui la ramenaient, trop souvent, près du point de départ, la plus grande somme des énergies qui lui eussent permis de reprendre, depuis longtemps déjà, sa place légitime dans le concert européen.

Néanmoins, au cours de ces luttes, qu'un observateur superficiel serait tenté de juger stériles, un nombre croissant d'esprits ont aspiré, — à des degrés, avec des idéals divers, — à une meilleure organisation sociale; et si nous assistons, comme beaucoup d'Espagnols l'affirment, à une phase décisive du duel entre les deux tendances, nous n'hésitons pas à croire que l'absolutisme hérité de la maison d'Autriche et des derniers Bourbons se heurte en vain au libéralisme importé par Joseph Ier, et vers lequel, explicitement, incline Alphonse XIII (1).

Depuis le mois de juillet passé, le bruit de l'abdication du souverain a couru à diverses reprises; nous avons vu que M. Lerroux s'en est fait l'écho joyeux dans un de ses discours (2).

Ce malheur sera épargné à l'Espagne.

(1) Cf. page 227.
(2) Cf. page 192.

Elle conservera le pilote, justement écœuré, qui seul peut lui éviter les deux écueils surgis des menées allemandes : la réaction violente et la révolution.

Les hommes politiques de la Péninsule, en général intelligents, aimables, sympathiques, mais, pour la plupart, hommes de parti aux égoïstes courtes vues, c'est le roi seul qui peut, au moment décisif, les amener à déchirer le voile des préoccupations personnelles pour ne voir que l'image claire de la patrie.

L'œuvre accomplie par un Silvela, après les désastres de 1898, montre mieux que tout ce que l'on pourrait attendre d'un ministère vraiment national, le jour où, renonçant à leur émiettement et à des luttes impies, les partis s'uniraient sous la bannière du patriotisme.

Souhaitons que ce jour soit proche.

Rien, sans doute, ne contribuerait mieux à rendre plus amicales les relations franco-espagnoles.

Sauf sous l'empereur allemand Charles-Quint et ses successeurs, les destinées de l'un et l'autre peuple n'ont-elles pas été parallèles?

Chacun des deux a eu son rôle dans la formation de la culture occidentale; chacun, à son tour, a été le champion de la civilisation latine : tous deux l'ont défendue contre l'islam ; la France, une fois de plus, la protège contre le germanisme...

Nous avons eu des rois; nous avons eu des

empereurs; nous avons une république; mais jamais il n'y a eu, jamais il n'y aura qu'une même France. Quelle qu'ait été, quelle que doive être sa forme constitutionnelle, sa personne morale apparaît immuable : jamais son action n'aura été ni, fort probablement, ne sera strictement égoïste. Toujours elle a jeté dans le monde plus de justice et plus de liberté. Elle a souvent épargné aux autres les douleurs de l'enfantement, si bien que, de ses crises fécondes, d'autres peuples, parfois, ont tiré plus de profit qu'elle-même.

Par là, par ce détachement très réel, — trop réel dans certaines circonstances, — auquel se refusent à croire tant d'Espagnols, elle est plus apte que d'autres à reconnaître les mérites de ses voisines.

Beaucoup plus de Français qu'on ne le suppose au delà des Pyrénées savent non seulement tout ce qu'il y a de noble dans l'âme espagnole, mais encore tout ce qu'il y a d'activité, tout ce qu'il y a d'essor en puissance dans ce beau pays d'Espagne, si longtemps victime de camarillas égoïstes, et déplorent des malentendus grossis pour empêcher un rapprochement sans arrière-pensées entre deux peuples faits pour s'entendre, pour s'aider, pour s'aimer, — deux peuples qui ne se connaissent pas, malgré leur voisinage intime.

Loin de traiter l'Espagne en pays négligeable, ils considèrent, ces Français, que sa grandeur importe à l'intérêt bien entendu de leur propre patrie; car cette grandeur, faite de force et de prospérité, serait un des meilleurs éléments de l'équilibre européen et, pour les autres nations latines, une assurance...

L'ambition de Louis XIV et de Napoléon, moins démesurée que celle de l'empereur allemand qui régna sur l'Espagne, prétendait faire de la Méditerranée occidentale un lac français. Des puissances latines, ce roi et cet empereur voulaient former, sous la direction de la France, un bloc puissant qui eût fait contre-poids au monde germanique.

Ce qu'un Louis XIV, ce qu'un Napoléon ne pouvaient attendre que de la conquête, que de l'imposition de leur volonté, le progrès des ententes internationales ne permet-il pas de l'espérer du consentement mutuel? Après l'alliance franco-italienne, que manque-t-il pour constituer, non plus le bloc français, mais le bloc latin, sous la forme juste d'une libre union, dans l'égalité absolue des droits et de la dignité?

Le bon vouloir de l'Espagne.

Comment ce pays ne comprend-il pas que, dans leur intérêt commun, les trois grandes puissances latines riveraines de la Méditerranée devraient fraterniser dans une communion parfaite?

Ses gouvernants se préoccupent sans doute des problèmes posés par la prolongation de la guerre : difficulté croissante de la neutralité; impossibilité de la médiation tout d'abord espérée; risque d'un isolement économique inquiétant, conséquence du volontaire isolement politique; acuité des questions intérieures.

Qu'ils pèsent les responsabilités créées par ces points délicats, et puis qu'ils disent au peuple espagnol ce que commande le souci de sa grandeur passée, de sa noblesse toujours vivante, de l'avenir dont il est digne!...

TABLE DES MATIÈRES

INTRODUCTION

PREMIÈRE PARTIE

LES GRIEFS HISTORIQUES

I. — PEPE BOTELLA

III. — APPARENCES ET RÉALITÉS

LES FAUX PAS DE LA PRESSE PARISIENNE

V. — LES AMITIÉS ESPAGNOLES

Imprimerie E. DURAND, 18, rue Séguier, Paris

www.ingramcontent.com/pod-product-compliance
Ingram Content Group UK Ltd.
Pitfield, Milton Keynes, MK11 3LW, UK
UKHW021103230726
13926UKWH00004B/1993